3,5

W0075789

Buch

Wenn das Finanzsystem in die Krise gerät, Zentralbanken in großem Stil
Geld drucken und Staaten sich massiv verschulden, wächst der Wunsch der
Sparer nach Sicherheit. Die einzige Währung, die alle Kriege und Miseren
der Menschheitsgeschichte überstanden hat, heißt: Gold.

Autor

Der Journalist und Wirtschaftsexperte Michael Braun Alexander war mehrere Jahre lang als Wall-Street-Reporter in New York sowie als Chefredakteur
von »Finanzen« (heute »€uro«) tätig, eines der größten Wirtschaftsmagazine in Deutschland. Er war sieben Jahre lang Geld-Kolumnist der Zeitschrift
»Freundin« und schreibt heute u.a. für »BörseOnline«, »€uro«, »Welt am
Sonntag« und »WirtschaftsWoche«. Bei Goldmann erschienen von Braun
Alexander zuletzt »Wenn Geld stirbt« und »So geht Geld«, das die Shortlist des Deutschen Finanzbuchpreises erreichte. Braun Alexander lebt und
arbeitet in Berlin und Indien.

Außerdem von Michael Braun Alexander im Programm

Wenn Geld stirbt (auch als E-Book erhältlich)

So geht Geld (auch als E-Book erhältlich)

Michael
Braun Alexander

So geht Gold

Die unvergängliche Währung:
Chancen, Risiken, Hintergründe

GOLDMANN

Verlagsgruppe Random House FSC® N001967

Dieses Buch ist auch als E-Book erhältlich.

1. Auflage
Originalausgabe Juni 2016
Wilhelm Goldmann Verlag, München,
in der Verlagsgruppe Random House GmbH
Neumarkter Str. 28, 81673 München
Umschlaggestaltung: Uno Werbeagentur, München
Umschlagillustration: FinePic®, München
Der Abdruck der Goldhändlerübersicht erfolgt mit
freundlicher Genehmigung der Finanzen Verlag GmbH, München.
Der Abdruck der Goldmünzenfotos erfolgt mit freundlicher
Genehmigung der pro aurum KG, München.
Redaktion: Dunja Reulein
Satz: Buch-Werkstatt GmbH, Bad Aibling
Druck und Bindung: GGP Media GmbH, Pößneck
JE · Herstellung: IH
Printed in Germany
ISBN 978-3-442-17602-1
www.goldmann-verlag.de

Besuchen Sie den Goldmann Verlag im Netz

Inhalt

1. Einleitung

Gold ist Geld – oder etwa nicht?

Gold polarisiert. Schon die Frage, ob das wichtigste Edelmetall der Welt überhaupt »Geld« sei, wurde und wird von Leuten, die es eigentlich wissen müssten, verschieden beantwortet. Vor gut 100 Jahren, das Währungssystem der Welt war damals ein goldbasiertes, brachte es John Pierpont Morgan, der seinerzeit mächtigste Bankier in Amerika, auf den Punkt: »Gold ist Geld«, erklärte er, »alles andere ist Kredit.« Niemand zog das wenige Jahre vor Ausbruch des Ersten Weltkriegs in Zweifel.

Der Brite John Maynard Keynes, neben dem US-Ökonomen Milton Friedman der einflussreichste Wirtschaftswissenschaftler des 20. Jahrhunderts, beschrieb Anfang der 1920er-Jahre den Goldstandard dagegen in einer berühmten Formulierung als »barbarisches Relikt«[1] – ein seiner Meinung nach unzeitgemäßes System.[2] Und knapp 90 Jahre später erklärte Ben Bernanke, bis 2014 Chef des amerikanischen Notenbanksystems Federal Reserve (»Fed«), dass Gold nicht mehr sei als »Tradition«: »Gold ist kein Geld.«[3]

Dieses Buch hält es mit J. P. Morgan. Es vertritt nicht nur dessen Standpunkt, wonach Gold tatsächlich Geld ist, sondern auch, dass Gold in vieler Hinsicht sogar *besser* als das von Notenbanken in Umlauf gebrachte Zahlungsmittel ist, an das wir uns in den vergangenen Jahrzehnten gewöhnt haben, das wir seit Langem »normal« finden. Bei praktisch allen Währungen, die heute weltweit in Umlauf sind, handelt es sich um sogenanntes **Fiat-Geld**.[4] Dieser Begriff hat nichts mit der italienischen Automarke zu tun.[5] Vielmehr bedeutet das lateinische Wort »fiat« so viel wie: »es werde«, »es sei«. Das ist treffend, denn das Geld, das wir heute zum Bezahlen, Sparen und Wirtschaften benutzen, ist ein von Notenbanken erfundenes, »aus der Luft gezaubertes«, beliebig vermehrbares Geld – mit nichts hinterlegt als dem Vertrauen der Bürger in die Integrität und Kompetenz der Regierenden. Solange dieses Vertrauen nicht infrage gestellt wird, ist alles gut und unser Geld werthaltig. Aber sobald Zentralbanken und die von ihnen betreuten Währungen ihre Glaubwürdigkeit verlieren, schwindet der Wert unseres Gelds. Fiat-Geld ist vergänglich.

Dieses Buch versucht, die Stärken des Golds als **Währungsanker** und **Versicherung** für Sparer und Vorsorger herauszustellen – mit Umsicht, Pragmatik und durchaus kritisch. Denn Gold, an 79. Stelle im Periodensystem der Elemente zu finden und »Au« abgekürzt (für lateinisch »aurum«), ist alles andere als perfekt, egal, was man Ihnen erzählt. Es weist viele Vorzüge auf, aber auch eine ganze Reihe von Nachteilen und Fußangeln, über die sich stolpern lässt. Doch im Vergleich mit allen anderen Weltwährungen, an die wir uns mittlerweile gewöhnt haben – Euro, US-Dollar, Schweizer Franken, britisches Pfund, japanischer Yen und so weiter –, ist Gold ein *relativer* Hort der Stabilität. Das ist heute intuitiv vielen Menschen klar, insgesamt aber nur einer kleinen Minderheit der Gesellschaft. Ich fürchte, die Zeit wird kommen, da wir mit der Weisheit der Zurückblickenden nicht Gold als »barbarisches Relikt« empfinden werden, sondern unser heutiges Papiergeld. Ich hoffe das keineswegs; aber ich halte es für wahrscheinlich. Wenn unsere heutigen Währungen, verankert im Glauben an die Allmacht von Notenbanken, längst verpufft und untergegangen sind, wird Gold mit größter Wahrscheinlichkeit noch immer wertgeschätzt werden – vermutlich in aller Welt.

Wenn führende Köpfe der Wirtschaftsgeschichte wie Bernanke, Keynes und Morgan sich beim Gold unterschiedliche Meinungen erlauben, kann es nicht überraschen, dass die Ansichten zu Edelmetall auch in der breiteren Gesellschaft in Deutschland auseinandergehen. Es gibt in meiner Wahrnehmung recht wenige Menschen, die beim Gold überhaupt keine Meinung haben – was bei weitverbreiteten Vorsorgeprodukten im Lande wie Riester-Renten oder Rürup-Verträgen anders ist. Die sind komplex, für die Mehrzahl der Bürger unverständlich und führen eher zu einer abwartenden Weiß-nicht-so-recht-Haltung. Anders bei Gold: Man ist dafür oder dagegen, aber selten unentschieden.

Eine relativ kleine, allerdings gut wahrnehmbare Gruppe steht auf dem Standpunkt, dass Gold in den heutigen chronischen Krisenzeiten das einzig Wahre sei. Der Umstand, dass Sie dieses Buch in Händen halten und lesen, deutet möglicherweise darauf hin, dass auch Sie dieser Gruppe angehören. Mitunter – aber natürlich keineswegs immer – hat diese Haltung einen leicht religiös anmutenden, sektiererischen Zug, einen Hauch von Vernarrtheit, Rechthaberei und Dickköpfigkeit.

Diese exzentrisch wirkende Vorliebe finden viele andere nicht sympathisch und ziehen daraus den Schluss, dass das mit Gold ja nichts sein könne – schließlich empfehlen das all diese scheinbar Durchgeknallten.[6] Das wäre ein Trugschluss, spiegelt aber die Ressentiments eines größeren Teils der Bevölkerung wider. Wer an Gold glaubt, so der Tenor, sei ein bisschen spinnert, ein Pessimist und mutmaßlich ein Verschwörungstheoretiker mit zu viel Zeit.[7] Mitunter lassen Skeptiker ihrer Schadenfreude freien Lauf, wenn die Goldnotierungen sinken.

Die Gruppe derjenigen, die Gold kritisch gegenüberstehen, ist in den vergangenen vier Jahren gewachsen. Aus nachvollziehbarem Grund: Der Goldpreis erreichte am 6. September 2011 seinen bisherigen Höchststand von 1921 US-Dollar[8] und ist seitdem, sowohl auf Dollar- als auch auf Euro-Basis, massiv gesunken.

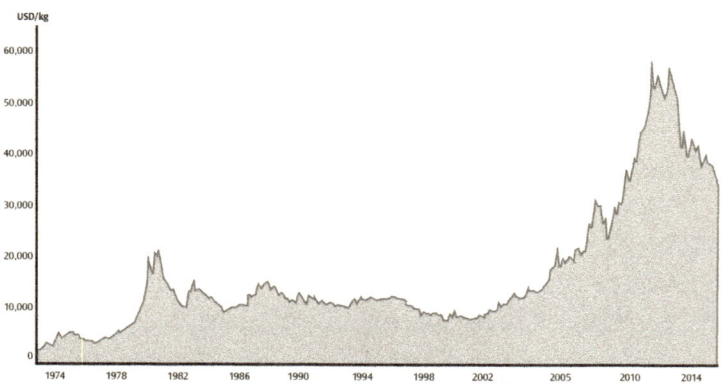

Abbildung 1: Goldpreis seit 1973 auf Basis US-Dollar
Stand: 01.10.2015

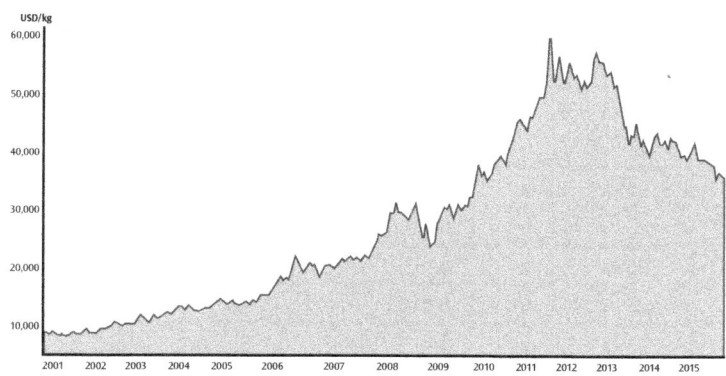

Abbildung 2: Goldpreis seit 2000 auf Basis US-Dollar
Stand: 01.10.2015

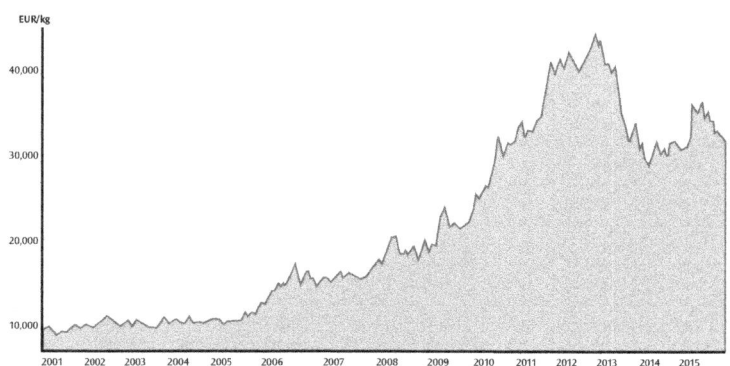

Abbildung 3: Goldpreis seit 2000 auf Basis Euro
Stand: 01.10.2015

Allerdings ist diese Wahrnehmung etwas hysterisch. Wer beispielsweise glaubt, dass Gold seitdem Jahr für Jahr eine verlustträchtige Anlage gewesen sei, irrt sich.

Jahr	in €	in CHF*	in US$
	p. a.	p. a.	p. a.
2000	7,5 %	3,0 %	-3,0 %
2001	8,8 %	6,5 %	2,0 %
2002	6,4 %	5,7 %	24,7 %
2003	1,7 %	7,6 %	21,1 %
2004	-3,1 %	-3,5 %	5,4 %
2005	36,7 %	37,8 %	20,0 %
2006	10,6 %	14,2 %	23,0 %
2007	18,4 %	21,7 %	30,9 %
2008	10,5 %	-0,1 %	5,6 %
2009	20,7 %	20,1 %	23,4 %
2010	37,1 %	15,4 %	27,1 %
2011	14,2 %	11,2 %	10,1 %
2012	4,9 %	4,2 %	7,0 %
2013	-31,2 %	-30,1 %	-28,3 %
2014	12,1 %	9,9 %	-1,5 %
2015*	2,3 %	-6,9 %	-3,9 %
Durchschnitt p.a.	9,8 %	7,3 %	10,2 %
Gesamt seit 2000	157,6 %	116,7 %	163,6 %
Quelle: goldprice.org, Stand 20. September 2015, *CHF = Schweizer Franken			

Tabelle 1: Die Wertentwicklung von Gold seit 2000

Zwar schnitt das Edelmetall in den Jahren 2013, 2014 und 2015 auf US-Dollar-Basis negativ ab – war also für jene Anleger schlecht, die ihr Einkommen und ihr Vermögen in US-Dollar berechnen. Anders sieht es dagegen auf Euro-Basis aus, also für deutsche Sparer. Für sie war zwar das Kalenderjahr 2013 mit einem Minus von 31,2 Prozent in der Tat düster. In allen anderen Jahren seit 2005 war die Goldperformance aber positiv.

Nun hassen die im internationalen Vergleich besonders risikoscheuen deutschen Sparer nichts mehr als Verluste. Einmal die Finger verbrannt, ziehen sie sich zurück, anstatt aus einem Malheur Schlüsse zu ziehen und zu lernen. Das ist unglücklich, weil viele die **Volatilität** einer Anlageform (also die Heftigkeit des Auf und Abs der Notierungen) mit **Risiko** verwechseln. Das Risiko, dass Gold wertlos ausläuft, tendiert weiterhin gegen null – anders als bei Papierwährungen, denen wir im Alltag selbstverständlich unser Vertrauen schenken. Sie verlieren Jahr für Jahr an innerem Wert.

Eine andere Sichtweise haben Bürger in jenen Ländern, deren Währungen abstürzten, also infolge von wirtschaftlichen und/oder politischen Krisen in eine Abwärtsspirale geraten sind. Für sie ist Gold, obgleich die Notierung auf Dollar-Basis seit 2011 scharf korrigierte, eine außerordentlich solide, werterhaltende Währung gewesen. Die türkische Regierung beispielsweise stellt zunehmend die Unabhängigkeit ihrer Notenbank infrage und ruft innen- und außenpolitisch viel Skepsis hervor, sodass die türkische Lira massiv an Wert verloren hat.

Die Liste der Länder, in denen Gold die Bevölkerung vor einer Abwertung ihrer Währung schützte, ist lang und wird immer länger. Wer in der jüngeren Vergangenheit in Russland, in der

Ukraine, in Nigeria, in Venezuela oder Argentinien Gold sein
Eigen nennen konnte, war auf der relativ sicheren Seite.

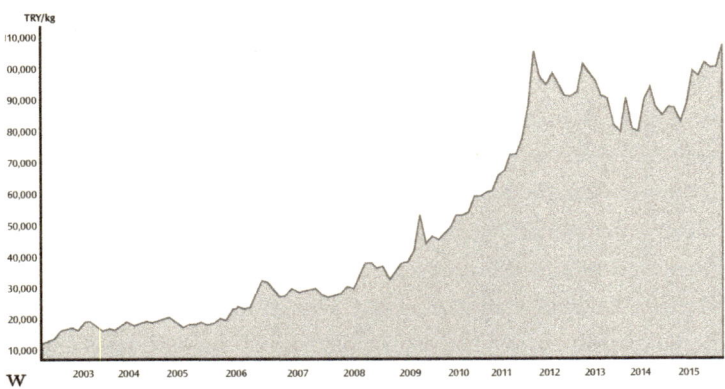

*Abbildung 4: Goldpreis seit 2000 auf Basis türkische Lira
Stand: 01.10.2015*

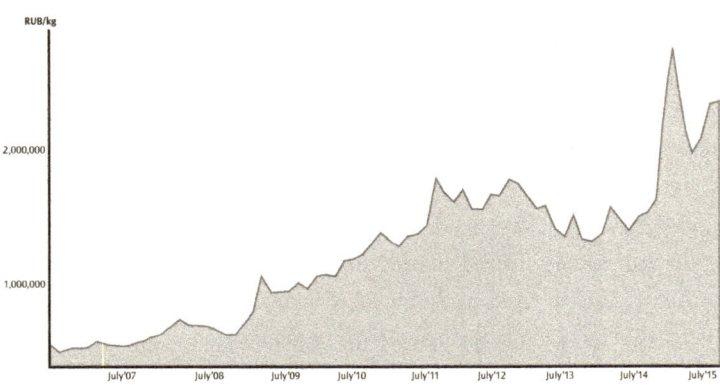

*Abbildung 5: Goldpreis seit 2000 auf Basis russischer Rubel
Stand: 01.10.2015*

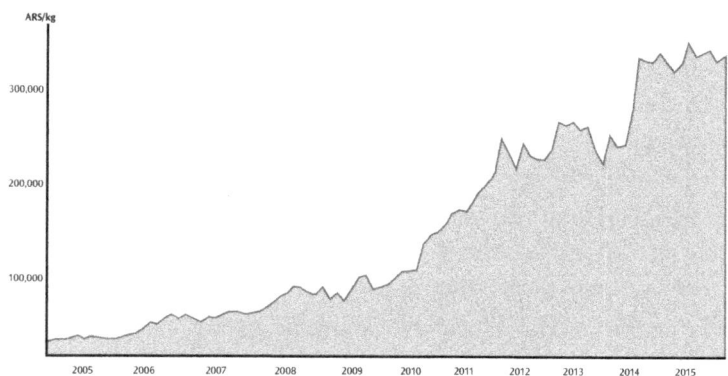

Abbildung 6: Goldpreis seit 2000 auf Basis argentinischer Peso
Stand: 01.10.2015

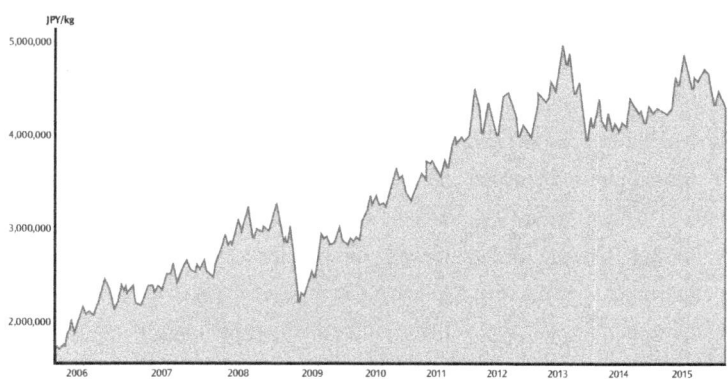

Abbildung 7: Goldpreis seit 2000 auf Basis japanischer Yen
Stand: 01.10.2015

17

Nicht anders in Japan, wo der Yen, eine der wichtigsten Währungen der Welt, zum Dollar massiv abwertete. Gold notiert auf Yen-Basis nah am Allzeithoch. Selbst die Bürger der Eurozone haben diesen Effekt erlebt. 2014 brach der Wechselkurs des Euro zum US-Dollar binnen weniger Monate um gut ein Viertel ein. Auch der Goldpreis, der weltweit in Dollar notiert wird, war schwach. Effekt unterm Strich: Für Bürger der Eurozone schlug sich der Goldpreis 2014 wacker, mit zweistelligem prozentualem Wertzuwachs. Die Wertentwicklung hängt also nicht nur vom Goldpreis (auf Dollar-Basis) ab, sondern auch vom Wechselkurs der Ausgangswährung (zum Dollar).

Die Deutschen und das Gold

Weitverbreitet ist in Deutschland die Meinung, wonach Gold ungemein **spekulativ** sei – ein »Investment« ausschließlich für Zocker, Risikofreaks und Spinner. Ein Beispiel von vielen ist ein Bericht auf *Spiegel Online,* einer der einflussreichsten Webseiten im deutschen Sprachraum, der konstatierte: »Anlegen in Gold ist vor allem spekulativ. Kurz- und mittelfristig ist es der Versuch, kommende Krisen richtig einzuschätzen und von ihnen zu profitieren.«[9] Jein, möchte man dem Autor zurufen. Ja, weil das Edelmetall in Krisen tendenziell (aber keineswegs immer) an Wert gewinnt. Nein, weil es seiner Natur nach eine Versicherung ist – und als solche nicht spekulativ, sondern im Gegenteil konservativ (»bewahrend«).

Die ablehnend-skeptische Haltung ist insbesondere unter Jüngeren weitverbreitet, womit ich die Geburtenjahrgänge nach etwa 1960 meine. Die Älteren und Ältesten in unserer Gesellschaft erinnern sich noch an den Goldanker, der bis 1971 unser Finanzsystem prägte. In dieser Generation war es lange Zeit normal, einen Teil der Ersparnisse in Form von Goldmünzen als Versicherung für schlechte Zeiten in der Schublade aufzubewahren. Derartige Maßnahmen werden von der Mehrheit heute nicht mehr als normal empfunden, sondern als ziemlich schräg.

Diese überwiegend ablehnende Haltung entbehrt nicht einer gewissen Ironie. Die Deutschen sind, wie viele Studien zeigen, ein tendenziell überversichertes Volk. Millionen Bundesbürger haben absurde, oft überflüssige Versicherungsverträge abgeschlossen, beispielsweise Glasbruch-, Reiserücktritt-, Reisegepäck-, Insassenunfall- und Rechtsschutzpolicen. Im Einzelfall können diese Versicherungen natürlich Schaden abwenden, im Großen und Ganzen sind sie aber redundant und Geldverschwendung. Wie dem auch sei: Die Deutschen versichern sich gern, reichlich und kostspielig.

Geht es aber um eine Versicherung ihrer Währung, lehnen viele den naheliegendsten Schutz ab, weil Gold angeblich, ähnlich wie Aktien, grässlich »spekulativ« sei. Womit sie meinen, dass es, ausgedrückt in Euro, im Wert fallen kann. Nichts verkraften deutsche Sparer so schlecht wie einen Wertverfall ihrer Anlagen, und sei er noch so vorübergehend.

Der Idealfall nach Abschluss einer Versicherung ist der, dass kein Schaden eintritt und die Versicherungsgesellschaft nichts zahlen muss. Die Beiträge sind gezahlt und weg. Bei der »Versicherung« Gold ist die Frage, ob ihr in Euro oder Dollar ausgedrückter Wert steigt oder fällt, vor diesem Hintergrund eher nebensächlich. Wenn kein Schaden eintritt – unser Fiat-Geld also werthaltig und das Finanzsystem stabil bleibt –, ist ein Gramm Gold immer noch ein Gramm Gold. Egal, wo der Preis gerade steht, es wird sicher nicht wertlos. *Wenn* es aber zum Schadensfall kommt – einem Währungskollaps, einer finanzsystemischen Krise –, dann bietet Gold ein Minimum an Absicherung für den Erhalt von Vermögen und Kaufkraft.

Das tut es nicht perfekt. Gold ist kein Allheilmittel und hat mittlerweile sogar die Neigung, in Finanzkrisen kurzfristig im Wert zu *fallen,* nicht zu steigen. (Mehr dazu in den Kapiteln 2 und 4.) Langfristig ist es dennoch ein sinnvolles, nützliches Instrument für den Vermögenserhalt.

Die Kenntnisse der Bundesbürger sind, was die Themen private Finanzen, Altersvorsorge, Wirtschaft und Börse angeht, nicht besonders fundiert, wie zahlreiche Studien ermittelt haben. Das ist insofern nicht dramatisch, als wir als Menschen alle, selbstverständlich auch ich, Experten in wenigem und Dilettanten in vielem sind. Keiner kann alles wissen.

Ein Gebiet, auf dem es aber besonders hapert, ist die Finanz- und Wirtschaftsgeschichte. Woher sollte dieses Wissen auch kommen? Diese Themenkomplexe finden an deutschen Schulen nicht statt, allenfalls vielleicht die deutsche Hyperinflation 1923 und die Währungsreform 1948, und dies oberflächlich. Die Folge ist ein kollektives Unwissen, was die Funktionsweisen und Anfälligkeiten von Finanzsystemen angeht.

Genau um diese währungssystemischen Schwächen geht es

bei Gold. Viele Menschen sind heute verunsichert, ob und wie sie Geld in das Edelmetall stecken sollten. Das ist nachvollziehbar. Gold ist ein komplexes Thema; wer es verstehen will, muss sich verschiedene Finanzsysteme, ihre Entwicklung und ihr Scheitern im Lauf der Geschichte ansehen. Das macht Mühe und kostet Zeit. Ich glaube beispielsweise nicht, dass einer unter 1000 Deutschen weiß, wer im 18. Jahrhundert ein gewisser John Law war oder welche Rolle Assignaten während der Französischen Revolution in den 1790er-Jahren spielten. Diese historischen Episoden sind lange, lange her und fast zu Fußnoten der Geschichte verkommen. Dennoch sind sie in unserem aktuellen Umfeld – im Kern: sämtliche wichtigen Notenbanken der Welt drucken[10] seit Jahren in großem Stil Geld – besonders informativ, und wir alle würden gut daran tun, die Lehren aus dem 18. Jahrhundert nicht zu vergessen.[11] Unwissen in Finanzdingen und ein Vergessen oder Verdrängen der Finanzgeschichte sind ein teurer Luxus. Sie machen Gesellschaften blind für Gefahren. So sind sich die meisten Deutschen inzwischen der vertrackten Lage im ruinierten Griechenland bewusst – nicht schön, so der Tenor, aber die Welt dreht sich weiter. In welcher Gefahr sich unser Geld und unser Finanzsystem befinden, ist ihnen nicht ansatzweise klar, obwohl die Faktenlage erdrückend ist. Es ist einfacher und bequemer, hässliche Wahrheiten auszublenden – schließlich scheint sich selbst die Bundeskanzlerin, zuständig für die großen Fragen, öffentlich keine Sorgen zu machen. Bekanntlich ist niemand so blind wie der, der nicht sehen will.

Zugleich sind einige Deutsche, wenn man Studien und Umfragen zu diesem Thema glauben darf, beim Gold rege. Nach

Angaben der Steinbeis-Hochschule besitzt Deutschland zurzeit fast 11 600 Tonnen Gold, was 6,6 Prozent des weltweit vorhandenen Goldbestandes entsprechen würde.[12] Das ist angesichts der Tatsache, dass die Bundesbürger lediglich 1,1 Prozent der Weltbevölkerung stellen, ein ausgesprochen hoher Wert, der beachtlichen Reichtum signalisiert. Zieht man die knapp 3400 Tonnen ab, die die Bundesbank verwaltet (Kapitel 3), verbleiben etwa 8200 Tonnen, über die private Haushalte verfügen – also Sie und ich und unsere Nachbarn und Landsleute. Auf Schmuck entfallen dabei 3800 Tonnen, auf sogenanntes Anlagegold – Barren, Münzen und andere physische (»anfassbare«) Anlageformen – 4400 Tonnen. 2013 machte Gold damit 2,5 Prozent des Gesamtvermögens der Bundesbürger aus, ein Vierzigstel also.[13] Rechnet man Immobilien an dieser Stelle heraus, deckt Gold etwa fünf Prozent ihres Kapitalvermögens ab.

67 Prozent der Deutschen über 18 Jahren besitzen irgendetwas Goldenes. 60,6 Prozent der Gesamtbevölkerung haben Schmuck aus Gold im Hause. Hier muss berücksichtigt werden, dass ein Großteil der Menschen verheiratet ist, von denen wiederum ein Großteil Eheringe trägt, von denen traditionell ein Großteil aus Gold besteht. 37 Prozent besitzen laut Steinbeis-Umfrage physische Goldanlagen, 15 Prozent goldbasierte Wertpapiere wie Minenaktien oder ETFs (Kapitel 7).

Dabei gilt: Je reicher ein Haushalt ist (gemessen am Haushaltsnettoeinkommen und am vorhandenen Vermögen), umso größer ist die Wahrscheinlichkeit, dass er Gold besitzt.[14] Wenn es um Vermögensaufbau und Altersvorsorge geht, halten 15 Prozent Gold für ideal.[15]

Gold als Krisenwährung

Trotz aller Kontroversen, die das Thema Gold auslöst, sind sich fast alle Finanzexperten in einem Punkt einig: Der Goldpreis ist de facto ein **Krisenbarometer**. Dieses Instrument reagiert sensibel, wenn eines von zwei Szenarien auf dem Radar von Investoren und Sparern auftaucht.

Zum einen reagiert der Goldpreis, wenn die Sorge vor steigender Inflation zunimmt, also die **Inflationserwartungen** eskalieren. »Inflation ist immer und überall ein monetäres Phänomen«, lautet einer der bekanntesten Sätze von Milton Friedman, »in dem Sinne, dass sie nicht auftreten kann, ohne dass es vorher eine schnellere Ausweitung der Geldmenge als der Wirtschaftsleistung gegeben hätte.«[16] Eine massive Ausweitung der Geldmenge, wie wir sie in den USA, in weiten Teilen Europas und in Japan im Zuge der jüngsten Finanzkrise gesehen haben, ist insofern eine Voraussetzung für Inflation.

Trotz des Gelddruckens in großem Stil durch die Zentralbanken fiel der Goldpreis seit 2011. Etwa zur Jahreswende 2014/15 machten sich in mehreren Ländern – auch in Deutschland und anderen Mitgliedsstaaten der Eurozone – sogar deflationäre Tendenzen breit. Die Verbraucherpreise stiegen also nicht, sondern sanken; keine Spur von hoher oder deutlich anziehender Inflation. Bestand und besteht also kein Grund, Angst vor Inflation zu haben?

Doch. Um es mit einem Bild zu sagen: Stellen Sie sich vor, Sie schütten bei sich zu Hause einen mit Wasser gefüllten Plastikwäschekorb in der Küche aus. Dass das Unordnung geben wird, ist klar. Auch dass sich irgendwo – in der Mitte der Küche, in einer Ecke, vielleicht im Geschoss darunter – das Wasser sammeln und Pfützen bilden wird. Aber an welcher Stelle genau die Flüssigkeit enden wird, das weiß man nicht so genau, bis das Wasser schließlich zum Stehen kommt.

Ähnlich läuft es, wenn Zentralbanken in großem Stil Geld drucken und in Umlauf bringen. Man kann davon ausgehen, dass die Preise steigen werden – aber in welcher Ecke der Volkswirtschaft und wann genau, das ist schwierig vorherzusagen. Heute wissen wir: Die Ausweitung der Geldmenge in aller Welt hat die Preise für viele Anlageformen drastisch steigen lassen, so die Aktien- und Anleihenkurse, die Preise von Immobilien und anderen Sachwerten und Sammelobjekten wie Kunstwerken, Oldtimern, Spitzenweinen, Edelsteinen und erstklassigen Uhren. Wir erleben seit sieben Jahren also nicht in erster Linie eine **Güterpreisinflation** (bei den Preisen von Waren im Supermarkt zum Beispiel), sondern eine **Sachwertinflation**. Die Differenz ist beträchtlich, wie Flossbach von Storch in Köln, eine der größten unabhängigen Vermögensverwaltungen in Deutschland, in einer regelmäßig veröffentlichten Zahlenreihe aufzeigt. Während Mitte 2015 die **Verbraucherpreise** auf Jahresbasis nur um 0,5 Prozent stiegen, lag die **Vermögenspreisinflation** bei 6,5 Prozent, also volle sechs Prozentpunkte höher.[17] Da die offiziellen Inflationsstatistiken sich um Sachwertpreise kaum kümmern, spucken sie keine beunruhigenden Zahlen aus. Die Inflationserwartungen eskalieren (noch) nicht, der Goldpreis verharrt (noch) auf niedrigem Niveau.

Vergessen darf man dabei eines nicht: Die Staaten der westlichen Welt sind mit wenigen Ausnahmen hoch verschuldet, oft sogar *über*schuldet. (Was bedeutet, dass sie voraussichtlich ihre Schulden nicht werden zurückzahlen können.) Für hoch verschuldete Staaten ist die Inflation das Mittel erster Wahl, um die Schulden wieder in den Griff zu bekommen. Steigen die Preise von Jahr zu Jahr zügig, verringern sich die realen Zahlungsverpflichtungen des Staats gleichermaßen. Der Staat sitzt an dieser Stelle an einem längeren Hebel als seine Bürger. Er verpflichtet sie, eine Währung mit schwindender Kaufkraft zu benutzen – schließlich sind andere Währungen in der Regel nicht gesetzliches Zahlungsmittel. Gleichzeitig entwertet er das Geld, um die aufgelaufenen Schulden real zu verringern. Verschuldete Staaten haben insofern einen klaren Anreiz, tendenziell höhere Inflation zu erzeugen. Im Kern wirkt das wie eine Steuer. Die Bürger verlieren Kaufkraft; der Staat baut seine Schulden ab.

Natürlich wird dies kein Politiker oder Notenbanker offen verlautbaren, erst recht nicht im besonders inflationssensiblen Deutschland. Immerhin erlebte das Land im Lauf des 20. Jahrhunderts verheerende Geldentwertungen, die im kollektiven Gedächtnis bis heute verhaftet sind. Der erste Währungskollaps ereignete sich 1922/23 im Zuge der Hyperinflation. Ein zweites Mal ging es mit der Währungsreform nach dem Zweiten Weltkrieg im Jahr 1948 zurück auf Los. Weltweit gab es allein in den vergangenen 100 Jahren mehr als 50 Hyperinflationen[18], stets getragen von einer massiven Ausweitung der Geldmenge.

Dass es in absehbarer Zeit noch einmal so weit kommen könnte, halten viele bei uns für ausgeschlossen. Zum einen gilt

bis heute der Staat – hier sind vor allem Regierung und Notenbank gemeint – als quasi allmächtige Institution, die das nicht
zulassen würde: »Die wissen das doch auch!«, so oder ähnlich
lauten die Kommentare. Das ist naiv. »Die Geschichte des Geldes legt zwei höchst verlässliche Muster offen«, schrieb der Ökonom John Kenneth Galbraith Mitte der 1970er-Jahre. »Wenn
die Leute gerade Inflation erlebt haben, lieben sie stabile Preise,
und wenn sie längere Zeit stabile Preise gehabt haben, werden
sie gleichgültig, was das Inflationsrisiko angeht.«[19] Das gilt auch
für die Verantwortlichen in Zentralbanken.

Zum anderen steigt der Goldpreis mit der wahrgenommenen
Anfälligkeit der Banken, also mit der Angst vor einem **Zusammenbruch des Finanzsystems**. Scheint hier ein Kollaps zu drohen – wie beispielsweise im September 2008 nach der Pleite der
US-Investmentbank Lehman Brothers –, reagiert Gold tendenziell mit hohen Kursaufschlägen. Das ist angesichts einer sys-
temischen Krise schlüssig. Wenn Banken, Einlagensicherungs-
systeme, Unternehmen und Staaten reihenweise pleitezugehen
drohen, die Versorgung mit Bargeld an Geldautomat oder Bank-
schalter nicht mehr sicher zu sein scheint, wenn uns also, salopp
gesagt, der Laden um die Ohren fliegt – dann erscheint Gold als
Ausweichwährung höchst attraktiv.

Hierbei spielt auch die Angst der Bevölkerung vor einem **Versagen von Staaten und ihren Institutionen** eine Rolle, wobei
hier nicht nur Regierungen gemeint sind, sondern auch Notenbanken und Finanzaufsichtsbehörden. Für Deutsche scheint diese Gefahr in weiter Ferne zu liegen: Der letzte Kollaps liegt rund
70 Jahre zurück, die Erinnerungen an katastrophale Verhältnisse

sind also in weiten Teilen der Gesellschaft verblasst und nur noch vom Hörensagen und aus Geschichtsbüchern vertraut.

Dabei geht Gold nicht nur die Bundesbürger an, sondern alle Menschen. Die Welt weist eine Fülle gescheiterter, anarchistischer, autoritärer, korrupter oder schlicht inkompetent regierter Staaten auf. Ob in Afrika (Libyen, Simbabwe, Somalia), Lateinamerika (Argentinien, Venezuela), im Nahen Osten (Irak, Jemen, Syrien), Asien (Nordkorea, Pakistan, Afghanistan) oder in Europa (Griechenland, Russland): Regierungen, die politisch und/oder wirtschaftlich Schneisen der Verwüstung schlagen, gibt es im Dutzend.

Selbst in politisch und wirtschaftlich stabilen Ländern wie Deutschland ist Gold ein wichtiges Thema, mit dem sich jeder Sparer befassen sollte. In labilen Ländern, in denen die öffentliche Ordnung zerfällt, kann der Besitz von Gold einen existenziellen Unterschied machen.

So geht Gold

Dieses Buch richtet sich in erster Linie an all jene, die in Finanzfragen nicht allzu vorbelastet sind, zugleich aber angesichts der schwelenden Krise unseres globalen Finanzsystems und des Schuldenfiaskos innerhalb der Eurozone (Stichwort »Griechenland«) ein mulmiges Gefühl haben. Sie ahnen, dass mit unserem Geld und unserer Währung etwas Grundsätzliches im Argen liegen könnte und es möglicherweise klug wäre, Gold zu besitzen. Zugleich sind sie angesichts der Komplexität dieses Themas oft verwirrt, abgeschreckt oder gar gelähmt. *So geht Gold,* das als kompaktes Handbuch eine Einführung ins Thema geben will, ist vor allem für diese große Gruppe gedacht. Es versucht, komplexe wirtschaftliche Zusammenhänge vereinfachend und verständlich darzustellen, ohne dabei die nötige Detailfreude vermissen zu lassen. Experten werden an der einen oder anderen Stelle interessante Argumente finden, dürften im Großen und Ganzen aber unterfordert sein. Für sie gibt es natürlich viele andere interessante Bücher zum Thema Gold.

Die nächsten beiden Kapitel dieses Buchs decken die Grundlagen ab: eine kurze Geschichte der Finanzsysteme der Welt im Lauf der vergangenen zwei Jahrhunderte, gefolgt von den wichtigsten Daten und Fakten. Kapitel vier beantwortet die entscheidenden Fragen: Braucht man heute Gold oder nicht? Was spricht dafür, was dagegen? In den Kapiteln fünf bis acht geht es dann um praktische Aspekte: das Wie, das Wo, das Was. Den Abschluss dieses Buchs bildet eine To-do-Liste, die die wichtigsten Tipps zum Thema Goldanlage zusammenfasst und in ihrer Kompaktheit für den einen oder anderen, so hoffe ich, nützlich sein wird.

Wenn Sie dieses Buch zu Ende gelesen haben, werden Sie vermutlich noch immer kein Experte in Sachen Gold sein, aber die entscheidenden Punkte verstanden haben – und das ist für die meisten Sparer, lassen Sie uns realistisch bleiben, ausreichend. Die gröbsten Fehler werden Sie vermeiden und bei Ihren Anlageentscheidungen das Wesentliche richtig machen. Berücksichtigen sollten Sie während Ihrer Lektüre die folgenden drei Punkte:

- Wenn es um Geld und Gold geht, ist niemand allwissend, egal, wie schlau er tut. In Finanz- und Wirtschaftsfragen geschulte Leute irren sich mitunter peinlichst – und das schließt mich, den Autor dieses Buches, mit ein. Alles, was Sie hier lesen, sind Empfehlungen und Erkenntnisse, die nach bestem Wissen und Gewissen erarbeitet und formuliert wurden. Einige Ideen und Argumente sind möglicherweise zutreffend. Ein paar andere werden wir vermutlich alle – auch ich – in ein paar Jahren, wenn wir klüger sind, belächeln. Insofern ist es am besten, wenn Sie mit **wacher Skepsis** und einer großen Portion gesundem Menschenverstand in die Lektüre einsteigen. Fragen Sie, hinterfragen Sie, zweifeln Sie, holen Sie andere Meinungen ein – anders ist Erkenntnisgewinn nicht möglich. Am Ende ist allerdings Ihr eigenes Urteil gefragt, was in Ihrer persönlichen Lebenssituation zu tun und was zu lassen ist. Die Verantwortung für Ihre Finanzentscheidungen kann Ihnen niemand abnehmen.

- Beachten Sie, dass dieses Buch aus produktionstechnischen Gründen den Stand von **Ende 2015** wiedergibt. An den Finanzmärkten ändert sich vieles täglich, stündlich, sogar sekündlich, was die hier gemachten Angaben nicht widerspiegeln können. Viele Zahlen (insbesondere die genannten Goldpreise) müssen Sie daher, wenn Sie dieses Buch lesen, aktualisieren, wofür ein schneller Blick in eine Zeitung oder ins Internet ausreichen dürfte. Die Prinzipien jedoch – und auf die kommt es an – werden mit großer Wahrscheinlichkeit für viele Jahre gültig bleiben.

- Sollten Sie zu den Schnelllesern zählen oder einfach nur wenig Zeit für Bücher haben, empfehle ich Ihnen, sich auf die **wichtigsten drei Abschnitte für Einsteiger** zu konzentrieren: Pro und Contra (Kapitel 4); die To-do-Liste rund ums Thema Gold (Kapitel 9); und elf weitverbreitete Irrtümer, um die übelsten Patzer zu vermeiden. **Goldexperten** wiederum, die mit der Materie seit Langem vertraut sind, dürften aus Abschnitten in Kapitel 2 (»Der unsichere Hafen«) und Kapitel 3 (»Papiergold und Preisbildung«) den größten Nutzen ziehen.

Mein Ziel habe ich mit diesem Buch erreicht, wenn ich Sie und Ihre Familien und Freunde zum Nachdenken über die Anfälligkeit und Vergänglichkeit unseres bestehenden Finanzsystems angeregt habe. Das ist der entscheidende Grund, warum sich heute – rechtzeitig vor dem Knall – *jeder* eingehend mit Gold beschäftigen und handeln sollte. »Die Geschichte legt nahe, dass die Reichen fast immer zu träge sind, weil sie der Illusion anhängen, dass sie Zeit genug haben werden, um sich selbst und ihr Vermögen auszusortieren, wenn es anfängt, schlecht zu laufen«, schrieb der 2012 verstorbene Finanzexperte Barton Biggs. Aber »so läuft das nie«.[20] Mit »den Reichen« bezieht Biggs sich zwar auf Leute, die wir gemeinhin als »superreich« bezeichnen würden, also jene mit einem liquiden Anlagevermögen im achtstelligen Dollarbereich und darüber. Aber die Aussage trifft auch auf die Deutschen in toto zu, ein im internationalen Vergleich noch immer reiches Volk. In Finanzkrisen – und von denen haben wir seit 2008 einige erlebt – sind wir mittlerweile mit Trägheit geschlagen und sehen oft nicht die Folgen für unsere persönlichen Lebensverhältnisse. Wie eine träge Herde Kühe schauen wir kurz auf und grasen dann gemütlich weiter.[21]

Ein umsichtiger Sparer, der sich heute nicht gelegentlich Sorgen um unser Finanzsystem und um die Sicherheit unserer Banken – und seiner eigenen Hausbank – macht, hat etwas Großes nicht verstanden. Natürlich muss in diesem Umfeld nicht jeder partout auf Gold setzen, und selbstverständlich wäre es außerordentlich riskant und töricht, alles auf eine Karte zu setzen, also *alle* Ersparnisse auf Gold. Aber noch riskanter wäre es, darum einen Bogen zu machen.

Unser heutiges Fiatgeldsystem wird früher oder später scheitern – wie solche Systeme noch immer gescheitert sind, erst recht nach einer Orgie des Gelddruckens durch Notenbanken, wie wir sie seit 2008 weltweit beobachten. Das ist eine unoriginelle, inzwischen offensichtliche Schlussfolgerung. Die Kunst der Übung liegt im Timing. Ob die Währungskrise noch in diesem Monat einsetzen wird, in fünf Jahren oder erst später, weiß niemand. Entscheidend ist, *dass* dieser Fall mit großer Wahrscheinlichkeit eintreten wird. Eine Lawine kann niemand vorhersagen; aber Berg- und Wetterkundige können die Bedingungen, unter denen Lawinen mit erhöhter Häufigkeit auftreten, benennen und erkennen.

Die Bedingungen, unter denen Gold nützlich und werthaltig ist, sind heute gegeben. Sobald die nächste finanzsystemische Krise beginnt, wird es sehr gefragt sein – was noch eine Untertreibung ist: Regierungen, Notenbanken, Geschäftsbanken und Privatleute werden gleichzeitig ihr Interesse an einer werthaltigen Anlageform, die kein Gegenparteirisiko kennt, neu entde-cken. Dann wird sich bewahrheiten, was früher schon einmal galt und in den vergangenen Jahren in westlichen Gesellschaften in Vergessenheit geraten ist: Gold ist nicht nur Geld – sondern viel besser als Geld. Leider.

Elf Irrtümer

- *Gold ist ein **Investment**.* Das glauben zwar viele, es ist aber nicht richtig. Wer das Edelmetall kauft, sollte dies nicht zwangsläufig mit der Absicht des Anlegers tun, der sein Geld mehren will – der also eines Tages mehr Euro für sein Gold bekommen möchte, als er jetzt dafür bezahlt. Dieser Ansatz ist nachvollziehbar, aber irreführend. Wer heute eine Fein-unze Gold (31,1 Gramm) für rund 1000 Euro kauft und sie in zehn Jahren für dann vielleicht 2000 Euro verkauft, der mag sich über diese Verdoppelung freuen und denken, er hätte ein geniales »Investment« getätigt. Ganz so ist es aber nicht. Die Wertentwicklung beim Gold, ausgedrückt in Einheiten der Papierwährung Euro, könnte nichts anderes bedeuten, als dass der Euro an innerem Wert verloren hat, während Gold seinen inneren Wert einfach behielt. Die auf den ersten Blick erfreuliche Wertentwicklung auf Eurobasis sagt also noch nichts über den inneren Wert, die Kaufkraft, aus. Ein besserer Ansatz ist es, Gold als **Versicherung** zu be-trachten – eine Vorsichtsmaßnahme für den Fall, dass unsere

Alltagswährung, der Euro, ein Problem bekommt und massiv an Wert verliert. Wer in einem erdbebengefährdeten Gebiet ein Haus hat, tut gut daran, sich für den Fall eines Erdbebens abzusichern, soweit ihm eine solche Versicherung zur Verfügung steht und er sie sich leisten kann. Wer in einem Fiatgeldsystem wie dem unseren lebt, tut gut daran, sich für den Fall zu wappnen, dass dieses System eines Tages zusammenbricht.

• *Gold ist spekulativ.* Nein, dieser Ausdruck ist wenig hilfreich. Die Goldnotierungen in Euro und Dollar schwanken zwar von Tag zu Tag und von Monat zu Monat kräftig. Diese sogenannte Volatilität (die Schwankungsintensität) sollte man aber nicht als Indiz für spekulatives Treiben deuten. Im Wesentlichen ist Gold eine extrem **konservative** – wörtlich also »bewahrende« (von lateinisch »conservare«) – Anlageform, die vor allem der Absicherung gilt. Ein Satz wie »Ich bin in Gelddingen konservativ, Gold ist nichts für mich« ist deshalb in sich widersprüchlich. In vielerlei Hinsicht ist Gold neben Land der »konservativste« Vermögenswert, den man sein Eigen nennen kann – und langfristig mit an Sicherheit grenzender Wahrscheinlichkeit sogar wertbeständiger als Immobilien (also Häuser, nicht das ihnen zugrunde liegende Land). Ich bin überzeugt, dass Gold auch in 1000 Jahren noch vorhanden sein und beträchtliche Kaufkraft verkörpern wird. Das Haus in Berlin dagegen, in dem ich diese Zeilen schreibe? Ich habe meine Zweifel, dass das im Jahr 3016 noch stehen wird.

• *Edelmetalle wie Gold und Silber sind **Rohstoffe** und deshalb besonders riskant.* Im Kern stimmt das, aber es gibt – abgesehen vom deutlich höheren Preis je Gewichtseinheit – wesentliche Unterschiede zu klassischen Industrierohstoffen wie Kupfer, Eisenerz, Nickel oder Erdöl. In wirtschaftlich schwierigen Zeiten, also beispielsweise in einer Phase der Konjunkturschwäche oder einer Finanzkrise, neigen die Rohstoffpreise dazu, zu fallen, weil die Nachfrage sinkt. Das gilt in gewissem Maße auch für Gold und insbesondere Silber, die auch als Industrierohstoffe Verwendung finden, zum Beispiel im Autobau (Silber), in der Elektronikbranche und natürlich in der Schmuckindustrie. Aber eben nur zu einem eher kleinen Teil. Im Kern funktioniert das hochpreisige Edelmetall Gold vielmehr wie eine **Währung**. Es hat seinem Wesen nach also mehr mit Euro, Dollar und Franken gemeinsam als mit einem Industrierohstoff.

• *Geld auf der Bank ist **sicherer** als Gold im Safe.* Wer das glaubt, hat offenbar die Entwicklungen der vergangenen acht Jahre verpasst, in denen Bankguthaben enteignet wurden – zwar nicht in Deutschland, aber in der Eurozone (Zypern[22]). Gleichzeitig rutschte auf deutschen Konten die Realverzinsung, also die Rendite der Ersparnisse unter Einberechnung der Inflation, in den negativen Bereich. Anders gesagt: Wer sein Geld hierzulande auf einem typischen Giro- oder Sparkonto »parkt«, macht garantiert Verlust und bewahrt es **alles andere als sicher** auf. Der deutsche Vermögensverwalter Philipp Vorndran hat es auf den Punkt gebracht: »Wer sein Kapital erhalten will, muss ins Risiko gehen. Wer das nicht möchte, ist schon drin.«[23]

- *Gold ist **altmodisch** und unzeitgemäß.* Altmodisch? Ja, vermutlich, und das ist gut so. In Fragen des Gelds ist »altmodisch« nicht gleichzusetzen mit »schlecht«. Unzeitgemäß? Die jüngste Finanzkrise, bis heute nicht ausgestanden, hat deutlich gemacht, dass Edelmetalle in den vergangenen Jahrzehnten zu Unrecht etwas in Vergessenheit geraten waren und Vermögen in finanzsystemischen Krisen gut schützen können. Gold ist heute **zeitgemäßer** als zu irgendeinem anderen Zeitpunkt seit dem Ende des Bretton-Woods-Finanzsystems 1971 (mehr dazu im folgenden Kapitel).

- *Der Goldpreis **steigt automatisch** in jeder Finanz- und Wirtschaftskrise.* Nein, keineswegs. Gold und andere Edelmetalle gelten unter Anlegern zwar als »sichere Häfen«, die in unruhigen Börsenzeiten angelaufen werden können, was den Goldpreis tendenziell nach oben treibt. Doch andere Effekte können diesen Trend zunichtemachen, sodass der Preis im Ergebnis fällt, nicht steigt. Ein typisches Merkmal von Finanzkrisen ist beispielsweise das Austrocknen von Liquidität an den Märkten, verursacht durch das Kappen von Kreditlinien. Banken, andere Finanzdienstleister und Unternehmen halten also weiterhin Vermögenswerte (wie Aktien, Anleihen, Kredite und so weiter), sie sind kurzfristig aber nicht »flüssig« – nicht anders als ein Privatmann, der mehrere Immobilien besitzt, aber gerade kein Geld im Portemonnaie hat, um im Supermarkt zu bezahlen. In so einer Situation, einer **Liquiditätskrise**, kann es passieren, dass alles, was an den Märkten irgendwie zu Geld gemacht werden kann, verkauft (»liquidiert«) wird. Das können auch die Edelmetallpositionen der betroffenen Firmen sein, was den Preis in den Keller treiben kann. Darüber hinaus spricht vieles dafür, dass Notenbanken den Goldpreis gerade in Krisenzeiten gezielt nach unten modulieren, um Gold als Alternativwährung weniger attraktiv erscheinen zu lassen (Kapitel 4). Beispielhaft hat man das im Zuge der Zypernkrise (2013) und der jüngsten Griechenlandkrise (Sommer 2015) beobachten können. Während dieser Krisen stieg der Goldpreis nicht; er fiel dramatisch.

- *Gold ist immer **besser als Silber**.* Nein, nicht unbedingt. Gold ist als Instrument zur Aufbewahrung großer Vermögenswerte besser geeignet, weil Silber relativ niedrigpreisig ist. Allerdings hat auch Silber Vorzüge, sodass **beide Edelmetalle** ihre Berechtigung haben (Kapitel 3).

- *Wer **goldbasierte Wertpapiere** besitzt, braucht kein physisches Gold.* Irrtum. Solche Wertpapiere – insbesondere Goldaktien und -ETCs – können im Einzelfall sinnvoll sein (Kapitel 7). In vielerlei Beziehung sind sie für die Absicherung des Vermögens aber deutlich **weniger gut geeignet** als physisches Gold, also Barren und Münzen. Goldminenaktien sind riskant und können selbst dann Verluste schreiben, wenn der Goldpreis steigt. Fonds sind risikobehaftet, schockierend oft schlecht gemanagt und zu allem Überfluss auch noch teuer, kosten also unnötig hohe Gebühren. Viele Zertifikate wiederum können im Zuge einer Finanzkrise, bei der Banken pleitegehen, wertlos werden, bieten also für den Fall der Fälle keinerlei Absicherung.

- *Wo man sein Gold kauft, macht keinen Unterschied.* Doch! Banken und Sparkassen sind für Edelmetalle heute in der Regel nicht mehr Anlaufstellen erster Wahl. Seriöse **Edelmetallhändler**, die für Privatleute ideal sind, unterscheiden sich deutlich in ihren Konditionen und im Service (Kapitel 6).

- *Deutschland spielt am globalen Goldmarkt eine große Rolle.* Definitiv nicht. Die Deutschen halten im internationalen Vergleich zwar sehr viel Gold, zum einen die Goldreserven der Bundesbank sowie (anteilig) der Europäischen Zentralbank, zum anderen Schmuck, Münzen und Barren in Privatbesitz. Bei der Entwicklung der aktuellen Goldpreise sind **China, Indien** und andere asiatische Länder inzwischen aber viel wichtiger. Auf China und Indien entfallen heute etwa 40 Prozent der Weltnachfrage.[24]

- *Wer Gold kauft, hat **steuerliche Nachteile.*** Im Gegenteil. Das deutsche Steuerrecht ist zu allen, die physisches Gold besitzen, zurzeit relativ freundlich. Beim Kauf von Anlagegold fällt – anders als bei Silber und anderen Edelmetallen – keine Umsatzsteuer (auch Mehrwertsteuer genannt) an. Und nach einer Haltedauer von mindestens zwölf Monaten ist ein Wertzuwachs **steuerfrei** (Kapitel 8).

2. Eine kurze Geschichte des Golds

Die Geschichte des Weltfinanzsystems – und damit die Wirtschaftsgeschichte der Menschheit – ist in vielerlei Hinsicht deckungsgleich mit der Historie des Goldes und anderer Edelmetalle. Die meisten Menschen des 21. Jahrhunderts haben sich mittlerweile aber daran gewöhnt, dass Gold heute nur noch eine marginale Rolle spielt und im praktischen Leben überhaupt keine. Es wird in den Nachrichten allenfalls anekdotisch erwähnt, wenn der Goldpreis gerade einen größeren Sprung nach oben oder unten gemacht hat. Für den größten Teil der Bevölkerung sind Gold und Goldpreis irrelevant.

In Vergessenheit geraten ist dabei, dass Gold fast immer den »Eckstein« oder »Anker« von Finanzsystemen bildete, auch in Deutschland. War dies einmal nicht der Fall – wie beispielsweise in den vergangenen 40 Jahren –, handelt es sich in der historischen Betrachtung um eine Ausnahme von der Regel. In der Geschichte der Menschheit war das »typische« Finanzsystem meistens auf Gold und/oder andere Edelmetalle gegründet. »Die historische Verbindung von Geld und Metall ist mehr als eng«, hat der aus Kanada stammende Wirtschaftswissenschaftler John Kenneth Galbraith formuliert. »Mehr oder weniger edle Metalle sind […] die meiste Zeit über Geld gewesen.«[25] Das schrieb er 1975 – kurz nachdem Gold seine Ankerfunktion im Weltfinanzsystem eingebüßt hatte. Unser heutiges Währungssystem, das auf das unerschütterliche Vertrauen der Menschen in ihre Regierungen und Notenbanken setzt, mag vielen normal erscheinen, vielleicht sogar modern, zeitgemäß. Aber es ist im Kern ein Kuriosum. Ob es langfristig Bestand haben wird, ist offen. Ich persönlich bin skeptisch.

Die Beschäftigung mit der Geschichte des Goldes ist nicht nur für Wirtschaftswissenschaftler lohnend. Schließlich geht es bei dem Thema um mehr als nur ein Objekt der Historie und Kulturgeschichte – nämlich um etwas Alltägliches und Praktisches: eine Hartwährung. Auch diejenigen, die sich nicht professionell mit dieser Materie beschäftigen, tun gut daran, zumindest die **Grundzüge und Wendepunkte** der jüngeren Finanzgeschichte zu kennen und im Hinterkopf zu behalten. Wer das nicht tut, könnte eines Tages böse überrascht werden. Wer die Vergangenheit vergisst, geht die Redewendung, läuft Gefahr, sie zu wiederholen. Das ist gerade bei Finanzsystemen eine verlustträchtige und schmerzhafte Angelegenheit, denn es geht um Geld und Wohlstand.

Die folgende kompakte Geschichte des Goldes fasst in groben Zügen die vergangenen **200 Jahre** zusammen – also die Ära seit den Napoleonischen Kriegen. Alles andere würde den übersichtlichen Rahmen dieses Buches, das als Einführung ins Thema gedacht ist, sprengen. Selbstverständlich gab es auch davor viele Episoden, bei denen Edelmetall eine zentrale Rolle spielte. Sie hier durchzuspielen würde aber für viele Leser fad werden.[26]

Diese vereinfachte Fassung der jüngeren Geldgeschichte umfasst **fünf Phasen**:

- den klassischen **Goldstandard** (bis 1914),

- eine **Übergangzeit mit Weltkriegen und Wirtschaftskrisen** (1914 bis 1944),

- das sogenannte **Bretton-Woods-System** (1944 bis 1971),

- unser heutiges **Fiatgeldsystem**, das ohne Goldanker auskommt, sowie

- den Sonderfall des wahrscheinlich **manipulierten Goldpreises** (seit 2011).

Vor 1914: Der Goldstandard

Im Kern ist ein sogenannter Goldstandard ein Währungssystem, dessen Geld mit Gold unterlegt ist – also seinen inneren Wert von dem knappen, in fast allen Erdteilen und Kulturen als wertvoll anerkannten Edelmetall ableitet. Ein Goldstandard kann in der Praxis verschiedenen Modellen und Spielregeln folgen, abhängig vom Land und seiner Geldpolitik. Entweder benutzen

Staaten eine »echte« Goldwährung – also Münzen (und Münzchen) aus Gold. Oder sie bringen Banknoten und Münzen in Umlauf, die aber, garantiert vom Staat, jederzeit in einem exakt definierten Verhältnis in Gold umgetauscht werden können. Oft kommt es vor, dass nicht nur Gold als Grundlage des Geldes gilt, sondern daneben auch Silber – was sich dann **Bimetallismus** nennt, ein System mit »zwei Metallen«. Kommt Platin als drittes Edelmetall hinzu, spricht man von **Trimetallismus** (»drei Metalle«), einem historisch seltenen Modell. Gemeinsam ist allen Goldstandards aber, dass sie – direkt oder indirekt – Gold als Basis einer Währung definieren. Der Wert des Gelds leitet sich also vom Wert des Golds ab. »Geld ist Gold, und Gold ist Geld«, lautet das entscheidende Prinzip.

Der klassische Goldstandard, der sich im Lauf des 19. Jahrhunderts herausbildete und festigte, war in erster Linie ein **europäisches System**, hatte aber globale Folgen. Die meisten der damaligen europäischen Großmächte – allen voran Großbritannien, daneben Frankreich, Deutschland, Österreich-Ungarn, Russland – verwalteten in der Ära des Kolonialismus in großem Stil Überseegebiete. Die Währungsspielregeln, die beispielsweise in Großbritannien galten, wirkten sich dadurch automatisch weltweit in vielen abhängigen Gebieten aus – so in Australien, Neuseeland und Westafrika. Interessanterweise entstand der Goldstandard aber nicht auf Geheiß der Politik oder in einer konzertierten Aktion der europäischen Staaten, auf irgendeiner internationalen Konferenz verhandelt und verabredet. Er entwickelte sich vielmehr organisch, quasi »von allein«. **Evolution** statt Revolution also.

So erklärt sich auch, dass Staaten ihre nationalen Währungen nicht auf einen Schlag am Gold »andockten«, sondern nach und nach. Großbritannien, damals die dominierende Weltmacht, tat dies bald nach dem Ende der Napoleonischen Kriege. Die Vereinigten Staaten – zu der Zeit weder Super- noch Großmacht – kamen in den 1830er-Jahren hinzu und legten fest, dass eine Unze Gold (31,1 Gramm) genau 20,67 US-Dollar entsprach. Eine krumme Zahl, allerdings eine währungsgeschichtlich wichtige: Dieses Umtauschverhältnis sollte ein Jahrhundert lang Bestand haben. Portugal, traditionell dank des regen Seehandels wirtschaftlich eng mit Großbritannien verbunden, kam 1854 hinzu. Frankreich wiederum, ebenfalls Großmacht und wirtschaftlich aufstrebend, war treibende Kraft der heute bei den meisten in Vergessenheit geratenen **Lateinischen Münzunion**. Dieser Vorläufer der Europäischen Währungsunion, 1865 gegründet, legte den gemeinsamen Gold- und Silbergehalt der Münzen der beteiligten Länder fest, die damit, sehr praktisch, austauschbar wurden. (Es handelte sich also eigentlich nicht um einen Goldstandard, sondern um ein bimetallisches Währungssystem.) Mit von der Partie waren damals neben Frankreich die Nachbarstaaten Belgien, Italien, die Schweiz und Griechenland. Zahlreiche weitere Staaten – darunter Spanien, Österreich-Ungarn, Serbien und Venezuela – folgten ebenfalls den Spielregeln der Münzunion, die bis zum Ausbruch des Ersten Weltkriegs Bestand hatte, also fast ein halbes Jahrhundert lang.[27] (Griechenland wurde schon 1908 wegen seiner chronisch defizitären Haushalts- und Finanzpolitik aus der Münzunion vorübergehend ausgeschlossen – dies am Rande.)

Deutschland wiederum führte mit Gründung des Deutschen Reichs 1871 die Mark ein, die damals eine **Goldmark** war. Ein Kilo Gold kostete 2790 Mark, ein Gramm des Edelmetalls also 2,79 Mark. Anfang des 20. Jahrhunderts war damit praktisch die gesamte westliche Finanzwelt an Gold ausgerichtet – und mit ihr der Großteil des Globus. Damit war ein goldbasiertes Währungssystem etabliert, dem sich zahlreiche weitere Länder anschlossen. Es blieb ihnen, sofern sie Handel treiben wollten, auch gar nichts anderes übrig. Als Hochzeit des klassischen Goldstandards gelten die Jahre 1870 bis 1914.

Die Folge waren **feste Wechselkurse** zwischen den Währungen, definiert über den Goldwert. Ein britisches Pfund entsprach also einer exakt definierten Menge Gold – genauso wie die deutsche Goldmark, der US-Dollar und alle anderen Währungen des Systems. Die Menschen, Unternehmen und Regierungen dieser Ära lebten im Bewusstsein, eine **Hartwährung** zu nutzen. Ihr Geld war so gut wie Gold. Für den Erhalt von Vermögen waren Währungen und Wertpapiere (beispielsweise Anleihen) damit bestens geeignet, schließlich waren Geld und Anlagen mit Gold unterlegt, garantiert vom Staat.

Eine entscheidende Frage an jedes Finanzsystem lautet: Wie funktioniert es, wenn Länder in **Zahlungsschwierigkeiten** geraten – also über ihre Verhältnisse leben, mehr ausgeben als einnehmen, mehr importieren als exportieren? Wenn Staaten ein chronisches Leistungsbilanz- und Haushaltsdefizit aufweisen? In diesem Fall wird das Land, das über seine Verhältnisse lebt, feststellen, dass seine Goldreserven nach und nach schrumpfen und irgendwann zu verschwinden drohen – was bedeuten würde:

Schluss mit dem ausgabefreudigen Leben. Um das zu verhindern, wird das Land die Zinsen erhöhen. Das hat den Nachteil, dass die Wirtschaft gebremst wird, weil Kredite aller Art teurer werden – dämpft dadurch gleichzeitig aber die Importe. Zugleich hat die Zinserhöhung den Effekt, dass sie Geld, unterlegt mit Gold, ins Land lockt, weil die Verzinsung dort attraktiver geworden ist. Die Schuldenaufnahme des Landes kann dadurch nicht ins Unendliche ausufern, und irgendwann sind die Staatsfinanzen wieder mehr oder weniger im Lot. »Der Goldstandard ist mit chronischen Haushaltsdefiziten unvereinbar«, schrieb der langjährige Fed-Chef Alan Greenspan schon vor einem halben Jahrhundert. »Daher sind den Regierungsausgaben unter einem Goldstandard enge Grenzen gesetzt.«[28] Ein Goldstandard strebt über den beschriebenen Mechanismus ein Gleichgewicht an und ist in sich stabil, ohne dass es – von der Zinsveränderung abgesehen – zu großen politischen Sparaktionen oder den »Rettungsaktionen« der heutigen Zeit kommen muss.

Natürlich: Konjunkturzyklen und Krisen gab es auch in diesem System. Aber »im Vergleich mit den Depressionen von 1920 und 1932 waren die wirtschaftlichen Einbußen vor dem Ersten Weltkrieg ausgesprochen mild«, so Greenspan. »Die Anpassungsphasen waren kurz, und die Wirtschaft stellte rasch wieder eine vernünftige Basis her, von der aus die Expansion weitergehen konnte.«[29] Insofern ist ein Goldstandard ein stabiles – vor allem: sich selbst stabilisierendes – System. Die Politik bestimmt das Finanzsystem, das wiederum der Politik Rahmenbedingungen vorgibt.

Zugleich macht der beschriebene Mechanismus deutlich,

warum es für Staaten außerordentlich schwierig ist, kostspielige Großprojekte wie zum Beispiel Kriege im Rahmen des Goldstandards durchzustehen. Wer Krieg führt, baut massiv Schulden auf, die binnen kurzer Zeit das Finanzsystem sprengen und die Bindung der Währung an das Gold infrage stellen.[30] Das gilt in gleichem Maße für einen übergroßzügigen, teilweise auf Pump finanzierten Sozialstaat.

Zudem stabilisiert ein Goldstandard die Preise. Die Geldmenge – vereinfacht gesagt die Summe allen umlaufenden Geldes – entspricht in diesem System der Menge des verfügbaren Goldes. Da die weltweit vorhandene Goldmenge Jahr für Jahr nur marginal wächst, kann auch die Geldmenge nur langsam anwachsen, was die Preise stabilisiert. Generell waren die Verbraucherpreise im Zeitalter des Goldstandards sehr stabil, selbst über lange Zeiträume. Der Goldstandard machte es für Staaten und ihre Regierungen schwierig, sich massiv zu verschulden oder gar zu überschulden. Das geht viel besser *ohne* den Goldstandard.

1914 bis 1944: Weltkriege und Wirtschaftskrisen

»Im Rückblick«, schrieb ein Beobachter während der Großen Depression, »erschien die Welt, die 1914 unterging, als etwas, das unserer Vorstellung vom Paradies ziemlich nahe kam.«[31] Mit Ausbruch des Ersten Weltkriegs im Sommer des Jahres 1914 begann eine turbulente Zeit für das globale Finanzsystem und für die Währungen vieler Staaten, nicht zuletzt Deutschlands. Manchmal liest man das überdenkenswerte Bonmot, wonach die *Wahrheit* das erste Opfer des Krieges sei. Das mag stimmen. Aber das spätestens zweite Opfer des Krieges ist *Geld*. 1914 begann eine Übergangszeit, in welcher der Goldstandard nicht mehr das Leitprinzip für Währungen war – mit verheerenden Folgen.

Ein Goldstandard erlaubt es Staaten nicht, Waffen in Masse zu kaufen, in großem Stil aufzurüsten und Krieg zu führen – sie können schließlich nicht beliebig viel Geld drucken. Insofern kann es nicht überraschen, dass viele Kriegsparteien die Einlösepflicht ihrer Währungen in Gold bereits 1914 aufgaben und sich vom lange bewährten Währungsanker Edelmetall verabschiedeten. Im Rückblick eine Tollheit, allerdings eine haushaltstechnisch nachvollziehbare: Schulden sind für Staaten viel erträglicher, wenn sie sie in einer Währung zurückzahlen können, die sie selbst in beliebiger Menge drucken lassen können, also weginflationieren. Mit physischem Gold geht das nicht – es ist nicht beliebig vermehrbar –, aber mit Papierwährungen. »Wäre der Goldstandard nicht aufgegeben worden«, meinte der 2005 verstorbene Schweizer Banker Ferdinand Lips, ein überzeugter Anhänger des Goldstandards, »hätte der Krieg nicht länger als ein paar Monate gedauert.«[32]

Deutschland, Frankreich, das britische Weltreich und Österreich-Ungarn hoben den Goldstandard kurzerhand auf. Papiergeld konnte damit nicht mehr wie zuvor nach Belieben und Bedarf in Gold eingetauscht werden. Die Vereinigten Staaten, die erst 1917 in den Krieg eintraten, gaben den Goldstandard im internationalen Zahlungsverkehr auf.[33] Geld war plötzlich nur noch Papier. Ein hehrer Ansatz – und ein naiver. Die Staatsschulden stiegen rasant. Bezahlen würde, so ging die Logik damals auf beiden Seiten, der Feind, sobald er besiegt wäre. Alle Parteien gingen anfangs selbstbewusst davon aus, dass das nur wenige Monate dauern würde. Hochmut kommt vor dem Fall.

Im Lauf der nächsten vier Jahre sollten 15 bis 20 Millionen Menschen an den Folgen des Krieges sterben und weitere Millionen verletzt werden. Und mit dem Ende des Goldstandards verloren Währungen ihren Anker und gingen unter. Die überschuldeten Kriegsverlierer Deutschland, Österreich und Ungarn – die beiden Letztgenannten zwei der Nachfolgestaaten der zersplitternden Habsburgermonarchie – erlebten Anfang der 1920er-Jahre Hyperinflationen: eine völlige Geldentwertung, die Millionen Menschen ruinierte. »Die einfachen Fakten sind einen Blick wert«, schreibt Galbraith. »Alle zentraleuropäischen Länder, die nach dem Ersten Weltkrieg einen Kollaps ihrer Währungen erlitten, sollten schließlich Faschismus, Kommunismus oder in den meisten Fällen – Polen, Ungarn, Ostdeutschland – beides erfahren.«[34]

Die Gewinner des Krieges versuchten, sich in den Jahren nach 1918 wieder dem Goldstandard anzunähern, wenngleich mit bescheidenem Erfolg. Die Konferenz von Genua im Jahr 1922 vereinbarte einen sogenannten Gold-Devisen-Standard, bei dem die damals wichtigsten Weltwährungen, US-Dollar und britisches Pfund, mit einem festen Umtauschverhältnis an Gold gebunden wurden. (Dies, obwohl die Vereinigten Staaten selbst an der Konferenz überhaupt nicht teilnahmen.) Dieses Prinzip galt jedoch nicht für Krethi und Plethi, also den einfachen Bürger, der noch wenige Jahre zuvor sein Geld bei jeder Bank hatte vergolden können. Nun fand der Umtausch ausschließlich unter Zentralbanken statt.

John Maynard Keynes sprach sich zu der Zeit entschieden gegen einen Goldstandard aus, den er als »barbarisches Relikt« beschrieb. Dennoch setzte Europa wieder auf Gold. Deutschlands Währung, die Mark, war 1924 – ein Jahr nach der Hyperinflation – formal wieder goldbasiert. Großbritannien führte 1925 einen neuen Goldstandard ein, allerdings zu einem zu hohen Wechselkurs, der dazu führte, dass die britische Wirtschaft auf dem Höhepunkt des Empires schlagartig an Wettbewerbsfähigkeit einbüßte und es 1926 zum Generalstreik kam. (Der damalige Schatzkanzler und spätere Premierminister Winston Churchill nannte diese Entscheidung später seinen größten politischen Fehler.) Auch Frankreich kehrte in den 1920er-Jahren zu einer Art Goldstandard zurück. All dies sollte jedoch nicht von Dauer sein. Im Wesentlichen herrschte in den Zwischenkriegsjahren ein großes Durcheinander. Es gelang nicht, das Finanzsystem nach den Wirren des Ersten Weltkriegs wieder auf ein solides, global akzeptiertes, beständiges Fundament zu stellen.

1929 begann mit dem Börsenkrach an der Wall Street in New York eine Wirtschaftsmisere, die bis weit in die 1930er-Jahre reichen und als Große Depression in die Weltgeschichte eingehen sollte. Welthandel und Konjunktur brachen ein. Zahllose Unternehmen gingen pleite – und allein in den USA von 1930 bis 1934 mehr als 9000 Banken.[35] Millionen Menschen wurden arbeitslos. 1931 verabschiedeten sich Großbritannien, Deutschland und viele andere Länder wieder vom Währungsanker Gold. Die USA, mittlerweile zur größten Wirtschaftsmacht der Welt aufgestiegen, folgten 1933 – und verboten den privaten Goldbesitz. Amerikaner hatten ihre Barren und Münzen zu einem Umrechnungskurs von 20,67 Dollar für eine Goldunze bei den Banken abzugeben. Anfang 1934 wertete der damalige Präsident Franklin Delano Roosevelt dann den Dollar auf 35 Dollar je Unze ab, was inflationär war und half, die drückende Deflation der Wirtschaftsflaute zu beenden. Die US-Bürger aber, die ihr Gold 1933 brav zu 20,67 Dollar beim Staat abgegeben hatten, machten ein extrem schlechtes Geschäft. Sie waren von ihrer Regierung über den Tisch gezogen und um einen Großteil ihrer Ersparnisse gebracht worden.

1944 bis 1971:
Das Bretton-Woods-System

Eine der wichtigsten Politkonferenzen des 20. Jahrhunderts fand 1944, gegen Ende des Zweiten Weltkriegs, in Bretton Woods statt, einem Ferienort im US-Bundesstaat New Hampshire. 44 Staaten entsandten damals Vertreter nach Neuengland, um eine neue globale Finanzordnung zu koordinieren, die nach Ende des Kriegs greifen sollte. (44 mag für manchen nach einer etwas niedrigen Zahl klingen. Die Teilnehmerstaaten deckten angesichts der damals noch bestehenden Kolonialreiche allerdings einen Großteil des Globus ab.) Sie machten den Versuch, den

Goldstandard, dessen Vorzüge die turbulenten Zwischenkriegs-
jahre offenbart hatten, wiederaufleben zu lassen.

Heraus kam dabei kein klassischer Goldstandard, wie er vor
1914 existierte, sondern eine Mischform: ein **Gold-Dollar-
Standard**. Der US-Dollar wurde zur Leitwährung der Welt er-
koren – eine Führungsrolle, die er bis heute innehat – und mit
Gold unterlegt. Die US-Regierung verpflichtete sich, ein festes
Umtauschverhältnis von 35 Dollar für eine Unze Gold aufrecht-
zuerhalten. Jeder US-Dollar war so mit rund 0,89 Gramm Gold
unterlegt. (Anders gesagt: Ein Gramm Gold kostete 1,12 Dollar.) Diese Eintauschpflicht galt allerdings nicht für Privatpersonen und Unternehmen, sondern ausschließlich unter Notenbanken. Die anderen Länder vereinbarten, dass sie ihre Währungen
fix an den Dollar binden würden, also indirekt an Gold.

Auch hier lautet die wichtigste Frage: Wie funktionierte das
in Bretton Woods erfundene Finanzsystem, wenn Länder über
ihre Verhältnisse lebten und in **Zahlungsschwierigkeiten** gerieten? In diesem Fall erhöhte sich der Druck auf ihre Währung,
und sie mussten Dollars aus ihren Reserven verkaufen, um die
eigene Währung zu stabilisieren – ähnlich wie beim klassischen
Goldstandard. Doch was geschah, wenn die Dollarreserven des
Landes zur Neige gingen, es finanziell also eng wurde?

Für diesen Fall entstand im Rahmen des Bretton-Woods-Systems ein finanzielles Rettungssystem für in Not geratene Nationen, bei dem sich Staaten untereinander mit Krediten halfen.
Diese Kredite sollten immer an strikte Bedingungen geknüpft
sein, die dazu führten, dass der Schuldner wieder zurück in die
fiskalische Solidität fand. Um all dies praktisch regeln zu können,

wurde eigens eine internationale Institution gegründet, die heute noch höchst präsent und aktiv ist: der **Internationale Währungsfonds** (IWF) mit Sitz in der US-Hauptstadt Washington.[36]

Das Bretton-Woods-System funktionierte mehrere Jahrzehnte hindurch recht gut. Mitte der 1960er-Jahre ging Frankreich jedoch auf Distanz zu den Vereinigten Staaten. Der damalige Präsident Charles de Gaulle bestand darauf, die USA beim Wort zu nehmen. Er tauschte Frankreichs Dollarreserven in Gold um und ließ das Edelmetall auf französisches Territorium bringen. Die USA, alles andere als erfreut, deuteten dies als böswilligen Akt des NATO-Partners Frankreich. Während weltweit der Kalte Krieg tobte, schien der Verbündete Frankreich den USA finanzpolitisch in den Rücken zu fallen und den US-Dollar, Leitwährung der westlichen Welt und Anker des Finanzsystems, infrage zu stellen und schwächen zu wollen. Die Gefahr aus Sicht der USA: Wenn Frankreich sein Gold ausgeliefert haben wollte – vielleicht würden andere Staaten es de Gaulle gleichtun?

Die Situation wurde für Amerika unerträglich: Die USA führten einen kostspieligen, langwierigen Krieg in Vietnam; die Schulden stiegen; der Dollar geriet unter Druck; die Goldreserven schmolzen dahin[37]. Am 15. August 1971 hob US-Präsident Richard Nixon die 1944 vereinbarte Golddeckung des US-Dollars auf.[38] »Hätte er das nicht gemacht«, schreibt der amerikanische Wirtschaftsexperte James Rickards, »wären die Goldgewölbe der USA in Fort Knox in den späten 1970er-Jahren leer gewesen.«[39]

Die Ära des Golds war zu Ende.

Seit 1971: Die Ära des Fiatgelds

Zum ersten Mal in der Geschichte der Menschheit ist seitdem keine Währung der Welt direkt oder indirekt an Gold gebunden. Mit der Aufhebung der Goldbindung des Dollars wurde 1971 der Anker über Bord geworfen, der das Finanzsystem zuvor mehrere Jahrhunderte hindurch stabilisiert hatte. Das Schiff des Weltwährungssystems segelt seitdem ankerlos über die Weltmeere – bislang ohne die ganz große Katastrophe. Aber es braucht nicht viel Fantasie, um sich Situationen vorzustellen, in denen ein Anker für ein Schiff nützlich ist. Alle Währungen der Welt sind heute Fiatwährungen – unterlegt mit dem Vertrauen der Bürger in die Integrität und Kompetenz ihrer Regierungen und Notenbanken. Gold ist kein Geld mehr, und Geld ist nur noch ein Versprechen der Zentralbanken, dem man glaubt oder nicht.

Das Finanzsystem seit 1971 ist für die meisten von uns das »normale«. Die wenigsten erinnern sich heute noch an Bretton Woods und die damaligen Spielregeln im internationalen Zahlungsverkehr – und wenn sie es tun, kennen sie das damalige System nicht mehr (oder hatten es nie so recht verstanden). Insofern wird gern übersehen, dass unser gegenwärtiges **Fiatgeldsystem** in der historischen Perspektive ausgesprochen ungewöhnlich ist, eine Abnormalität, ein Experiment mit offenem Ausgang. Mancher mag einwenden: »Wieso, ist doch mehr als 40 Jahre lang gut gegangen – warum sollte man sich unnötig Sorgen machen?«

Aus zwei Gründen. Zum einen sind viereinhalb Jahrzehnte

nur ein kurzes Kapitel der Geschichte. Zum anderen spricht einiges dafür, dass es eben *nicht* gut gegangen ist.

Der **Übergang** von einem edelmetallbasierten System zu Fiatgeld ist für eine gewisse Zeit ein großes Vergnügen. Plötzlich, von einem Tag auf den anderen, können Regierungen und Notenbanken so viel Geld drucken und Schulden auftürmen, wie sie wollen, ohne dass der begrenzte Vorrat an Gold sie einengen würde und sie sich um die Konsequenzen groß Gedanken machen müssten. Denn die Folgen werden erst zeitversetzt sichtbar, meist viele Jahre später, wenn andere regieren und verantwortlich gemacht werden können. Für die Generation, die das historische »Glück« hat, von einem Gold- in ein Fiatsystem zu wechseln, ist das eine bequeme Sache. Sie genießt die Vorzüge (einen ausgabe- und gebefreudigen Staat, üppige Sozialleistungen), ohne selbst für die Kosten aufkommen zu müssen. »Pech« haben die nachfolgenden Generationen. Sie sind, ohne dies zu verantworten zu haben, Bürger eines hoch verschuldeten – oder gar überschuldeten – Staats und dürfen den sprichwörtlichen Karren aus dem Dreck ziehen. Das ist alles andere als angenehm. Die Einbußen an Einkommen und Lebensstandard sind, steckt ein Land erst einmal im Schuldensumpf, horrend.

Auch hier ist die Frage wichtig, was bei einem **Finanzengpass** eines Staates passiert – wie also der Anpassungsmechanismus läuft. In dem Maße, in dem sich ein Staat überschuldet, steigen auch die Zinsen, die dieser Staat zahlen muss, weil das Ausfallrisiko mit dem Schuldenpegel gestiegen ist – nicht anders als in einem Goldstandard. Einen Unterschied gibt es allerdings. Die Zinsen werden in einem Fiatsystem nicht nur von der *Nach-*

frage nach Geld bestimmt, sondern auch vom *Angebot* an Geld, also von der sogenannten Geldmenge. Zwei berüchtigte Beispiele für den daraus resultierenden Effekt sind zurzeit die USA und die Eurozone. Die beiden größten Wirtschaftsräume der Welt sind heute, nach der jüngsten und noch immer unausgestandenen Finanzkrise, extrem hoch verschuldet, müssten eigentlich also Höchstzinsen zahlen. Dennoch liegen die Marktzinsen auf historisch niedrigem Niveau kurz über null. Das liegt daran, dass die Fed und die Europäische Zentralbank (sowie zahlreiche weitere Notenbanken weltweit) die Geldmenge massiv ausgeweitet, also Geld gedruckt haben.

Die **Explosion der Staatsverschuldung** seit dem Ende des Bretton-Woods-Regimes wurde mit dem Umstieg auf ein Fiatsystem erst möglich. Die Folgen waren Inflation (insbesondere in den 1970er-Jahren), ein Verfall des inneren Werts von Währungen und eine Finanzkrise nach der anderen. Dies gilt auch – sogar in besonderem Maße – für viele der reichsten Länder der Welt, wobei man besser sagen sollte: der *ehemals* reichsten Länder der Welt. Die USA waren im 20. Jahrhundert der größte Gläubiger und sind heute der mit Abstand größte Schuldner.[40] Den entgegengesetzten Weg ging China, noch in den 1970er- und 1980er-Jahren ein bitterarmes, völlig heruntergewirtschaftetes Land. Keine 40 Jahre später ist es dank seiner wirtschaftlichen Öffnung ein Land mit mittlerem Einkommensniveau und größter Kreditgeber der Vereinigten Staaten. Griechenland, Italien und viele andere Mitglieder der Eurozone sind hoffnungslos überschuldet und zugleich weitgehend reformunfähig. Das gilt auch für Japan.

1971 setzte ein kontinuierlicher **Verfall der Kaufkraft** der Währungen ein, insbesondere in Relation zum Gold. In den USA wurde 1974 das Verbot privaten Goldbesitzes aufgehoben, sodass die Schwankungen des Goldpreises zum US-Dollar wieder relevant wurden. Im Lauf der 1970er-Jahre stieg die Goldnotierung von unter 40 auf 970 Dollar je Unze.[41] 2011, auf dem Höhepunkt eines langjährigen Goldbooms, kostete eine Feinunze schließlich mehr als 1900 Dollar, bevor die Notierung bis Herbst 2015 auf etwa 1100 Dollar zurückging. Seit dem Ende von Bretton Woods hat sich der Goldpreis auf Dollarbasis also gut verdreißigfacht, und der US-Dollar hat mehr als vier Fünftel seiner Kaufkraft eingebüßt.[42] Wer in Deutschland vor nur 15 Jahren (im Jahr 2000) für umgerechnet 100 000 Euro Gold kaufte, bekam mehr als zehn Kilo für sein Papiergeld. Heute – trotz eines massiven Kurseinbruchs von 2011 bis 2015 – erhält er lediglich etwas mehr als drei Kilo. Das bedeutet keineswegs, dass Gold sich insgesamt stark entwickelt hätte, sondern lediglich, dass Fiatwährungen erheblich an innerem Wert verloren haben.

Zugleich markierten die frühen 1970er-Jahre den Beginn einer Ära, die nicht nur von eskalierender Verschuldung geprägt war, sondern auch von **Spekulationsblasen**. Etwa von 1971 bis 1982 wurde Gold selbst Objekt der Begierde, was vor allem daran lag, dass die Inflationsraten nach dem Ende von Bretton Woods massiv anzogen. (Wenn Sie etwas älter sind, erinnern Sie sich vielleicht noch an die sogenannten Ölschocks und die Konjunktureinbrüche in deren Folge.) In den 1980er- und 1990er-Jahren entstanden Spekulationsblasen an den Aktienmärkten, die 2000 mit dem New-Economy-Boom einen Höhepunkt erreichten. In den 2000er-Jahren zogen in den meisten Ländern der westlichen Welt[43] die Preise für Immobilien rasant an, und im Zuge des wirtschaftlichen Aufstiegs Chinas vervielfachten sich die Preise von Rohstoffen – auch von Gold. Nach einem Zwischentief im Jahr 2009 boomten die Aktienmärkte, die Anleihenmärkte, die Immobilienmärkte, die Kunstmärkte. Die US-Notenbank hätte diesem Treiben mit einer Anhebung der Zinsen Einhalt gebieten können, tat dies aber neun Jahre lang nicht. Erst Ende 2015 erhöhte sie, nach langem Zaudern, die Leitzinsen marginal.

Die Kehrseite dieser Übertreibungen: eine Reihe von **Blasen**, **Pannen** und **Pleiten**. Mit dem Ende von Bretton Woods wurde der Dollar zur Währung, in der weltweit Öl gehandelt wurde – insbesondere von der OPEC[44], die »Petrodollars« aufhäufte. Diese Öl-Dollars wurden – Kapital sollte arbeiten, also Rendite bringen – zu großen Teilen in US-Anlagen gesteckt und als Kredite nach Lateinamerika weitergereicht. Von 1975 bis 1982 vervierfachten sich die Auswärtsschulden des Erdteils von 75 auf 315 Milliarden Dollar.[45] 1982 ging Mexiko pleite, im Lauf der 1980er-Jahre gefolgt von einer massiven Schuldenkrise in Lateinamerika. 1994 geriet Mexiko ein zweites Mal in die Krise; 1997 war Südostasien an der Reihe; 1998 Russland. In den USA platzten 2000 (New Economy) und 2007/08 (Immobilien) Spekulationsblasen. Die Eurozone wurschtelt sich unter der politischen Führung Deutschlands seit 2010 durch ein Überschuldungsdebakel nach dem anderen. Bis jetzt ging es nie darum, die Ursache dieser Malaise zu beheben, sondern lediglich um die Linderung von Symptomen.

Für Gold und Goldanleger waren die 1970er-Jahre vergnüglich, die 1980er- und 1990er-Jahren hingegen zermürbend. Nach dem Höchststand des Goldkurses Anfang der 1980er-Jahre dümpelten und fielen die Notierungen fast zwei Jahrzehnte hindurch, bis sie 1999 bei etwa 250 Dollar je Feinunze den Tiefstand erreichten. Der britische Schatzkanzler Gordon Brown nahm dies zum Anlass, 395 Tonnen der britischen Goldreserven von 1999 bis 2002 auf den Markt zu werfen. Er verschleuderte einen beträchtlichen Teil des Staatsschatzes zu Billigstpreisen – eine politische Großtat, die als »Brown Bottom« (»Brown-Tief«) in die Annalen der Goldgeschichte einging. Im Schnitt erzielte Brown etwa 275 Dollar je Unze. Als er fertig war, begann der Kurs sogleich auf mehr als 1900 Dollar zu klettern. Die Briten verloren dank dieses Timings Milliarden.[46] Auch die Schweiz trennte sich damals von einem beträchtlichen Teil ihres Goldschatzes in dem Glauben, Edelmetall habe sich für Währungszwecke erübrigt.

So ausgeprägt war gegen Ende der 1990er-Jahre die Goldskepsis der Notenbanken, dass sie sich 1999 zum Washingtoner Abkommen genötigt sahen. Dieser multilaterale Vertrag legte fest, dass die Zentralbanken sich weiterhin von ihren Goldbeständen trennen durften, aber, um den Kurs nichts ins Bodenlose abstürzen zu lassen, koordiniert, ohne den Markt zu fluten. Die jährliche Verkaufsmenge der westlichen Notenbanken wurde bei insgesamt 400 Tonnen gedeckelt. Diese Vereinbarung war einer der Gründe, warum der Goldpreis sich von 2001 bis 2011 in der Spitze um den Faktor fünf erhöhte. 2011 markierte die Schuldenkrise in Europa und den USA einen neuen Höhepunkt. Die Börsen brachen ein.

Seit 2011: Der unsichere Hafen

Obwohl die großen Notenbanken der Welt auch nach dem Gold-Hoch 2011 in beispiellosem Umfang Geld druckten, sank der Goldpreis in den folgenden vier Jahren deutlich, in Dollar gerechnet um mehr als 40 Prozent. Damit endete – jedenfalls vorübergehend – die traditionelle Korrelation von Geldmenge und Goldpreis. Das ist eine bemerkenswerte Entwicklung, denn somit war Gold seit 2011 keine besonders hilfreiche Krisenanlage mehr. Im Gegenteil: Für diejenigen, für die der Goldpreis auf Euro- oder Dollarbasis entscheidend ist, war das Edelmetall in diesem Zeitraum kein »sicherer Hafen«, sondern, um im Bild zu bleiben, ein Hurrikan auf offener See. Die Frage, warum das so ist, ist wichtig und für Anleger hochrelevant.

Fiatgeldnotenbanken haben Interesse an einem schwachen Goldkurs, was von vielen Goldanlegern (und selbst Wirtschaftsjournalisten) nicht erkannt wird. Ein steigender Goldkurs impliziert schwindendes Vertrauen in das bestehende Finanzsystem und in die Kompetenz und Glaubwürdigkeit der Zentralbanken. Währungshüter sind insbesondere in Finanzkrisen, die systemisch zu werden drohen – die also dafür sorgen könnten, dass Banken und andere Finanzinstitute reihenweise zusammenbrechen –, sensibel, was den Goldpreis angeht. Mehr als jede andere Kennziffer an den Finanzmärkten signalisiert ein steigender Goldpreis, dass das Misstrauen in die Zentralbanken wächst. Der Goldkurs und dessen aktuelle Entwicklung spiegeln insofern stets wider, inwieweit die Märkte und die Bürger ihren Notenbanken vertrauen. Schwindet dieses Vertrauen, wird Gold teurer; es wird billiger, wenn die Seriosität der Zentralbankiers nicht angezweifelt wird, wenn sie Glaubwürdigkeit und »Allmacht« ausstrahlen. Der bekannte Schweizer Investor Marc Faber, berüchtigt für seine meinungsstark-kontroversen Prognosen und heute in Thailand zu Hause, hat dieses Phänomen trefflich auf den Punkt gebracht: »Gold ist die einzige Möglichkeit, Zentralbanken zu shorten.«[47] Frei übersetzt bedeutet das: **Wer Zentralbanken misstraut, kauft Gold.** Das wissen die Währungshüter und fühlen sich auf den Plan gerufen, wenn die Goldnotierungen klettern. Insofern haben sie Interesse an einem niedrigen Goldpreis. Wird Gold teurer, stellt das implizit Kritik an ihnen dar.

Auch die **US-Regierung** zählt zum Lager der Goldgegner. Sie verfügt seit Generationen über etwas besonders Wertvolles: den US-Dollar, die Leitwährung der Welt. Seit Jahrzehnten profitieren die USA massiv vom Reservestatus des Dollars – also von dem Umstand, dass andere Länder die amerikanische Währung statt Gold als Instrument beim Management ihrer Staatsfinanzen einsetzen. Amerika kann damit, vereinfacht formuliert, über seine Verhältnisse leben, also mehr Geld ausgeben, als es erwirtschaftet – schließlich kann es unendlich viele Dollars drucken, für die es große Nachfrage in den meisten anderen Ländern der Welt gibt.[48]

Drittens können auch sogenannte Shorts – also **Spekulanten** im Dienste der großen Finanzhäuser der Welt oder in Eigenregie – auf fallende Goldpreise setzen. Sie verdienen bei dieser Strategie am fallenden Goldpreis.

Die größten Notenbanken der Welt, die US-Regierung, die finanzstärksten Bankhäuser und Investoren an den Märkten: Dies sind mächtige Gegner, was Anhänger des Edelmetalls zu keinem Zeitpunkt vergessen dürfen. Sie werden sich, wenn der Goldpreis zu stark steigt, nicht kampflos geschlagen geben. »Never fight the Fed«, lautet eine oft zitierte Börsenregel – man solle nie gegen die US-Notenbank wetten, weil man in diesem Kräftemessen nur verlieren könne. Eigentlich bezieht sich diese Maxime auf den Aktienmarkt: Verfolgt die Fed eine expansive Geldpolitik, steigen in der Regel die Aktienkurse (und umgekehrt). Sie ist aber auch im Hinblick auf den Goldmarkt relevant. Seit 2007 haben die westlichen Regierungen im Verbund mit ihren jeweiligen Notenbanken bereits die Zinsen gen null gesenkt und damit praktisch als Steuerungsinstrument der Wirtschaft deaktiviert. Das Warnsignal, das von steigenden Zinsen ausgehen könnte – angesichts massiver Schulden steigen die Ausfallrisiken, Anleger verlangen höhere Zinsen –, verstummte damit. Ein historisch einmaliges Experiment mit bislang offenem Ausgang.

Dass auch das Warnsignal, das von einem steigenden Goldpreis ausgeht, unterdrückt wird, erscheint vor diesem Hintergrund nicht weit hergeholt. Seit Jahren intervenieren die Notenbanken massiv an den Finanzmärkten – warum sollten sie dies ausgerechnet bei Gold, dem Rivalen der von ihnen verwalteten Fiatwährungen, nicht tun? Die praktische Durchführung einer solchen Manipulation von höchster Stelle ist nicht schwer.

Die Bank für Internationalen Zahlungsausgleich (BIZ) mit Sitz in Basel, eine Art »Zentralbank der Zentralbanken«, ist eine der diskretesten Organisationen der Welt. Die BIZ könnte im Auftrag eines oder mehrerer ihrer 60 Mitglieder, die zusammen 95 Prozent der Weltwirtschaft repräsentieren, Gold auf den Markt werfen und den Goldpreis so nach unten dirigieren. Der Mechanismus, mit dem diese Manipulation unter Ausschluss der Öffentlichkeit durchgeführt werden kann, ist unkompliziert. Die BIZ verleiht Gold, das ihr von einer Zentralbank zur Verfügung gestellt wurde, gegen Zahlung einer Gebühr an Geschäftsbanken. Diese wiederum verkaufen es am Markt – allerdings nicht nur die ursprüngliche Menge, sondern ein Vielfaches davon (was an den Finanzmärkten nicht nur möglich, sondern normale Praxis und völlig legal ist). Der Preis stürzt infolge des so erzeugten Angebotsüberhangs ab.[49] De facto können Zentralbanken auf diesem Weg den Markt in praktisch unbegrenzter Höhe mit Gold fluten und den Goldpreis weitgehend beliebig nach unten modulieren. Der BIZ oder der über die BIZ agierenden Notenbank so etwas nachzuweisen ist Außenstehenden praktisch unmöglich. Es ist eine clevere Strategie unter Ausschluss der Öffentlichkeit.

Doch warum sollten Notenbanken so etwas tun? Aus gutem Grund: Eine Manipulation des Goldpreises nach unten würde ein deutliches Signal an die Bürger und Sparer senden. Gerade in Zeiten der Finanzkrise wäre ein kurzzeitiger Absturz des Golds – sagen wir: um medienwirksame acht oder zehn Prozent an einem Tag – aus Sicht der Notenbanken und der Finanzwirtschaft hilfreich. »Auf der Bank mag mein Geld vielleicht ja nicht sicher sein«, würden viele Menschen denken, »aber man sieht ja, dass Gold auch keine Alternative ist – damit verliere ich an einem einzigen Tag mehrere Prozent. Dann kann ich genauso gut bei der Bank bleiben.« Die zweite Botschaft: »In Griechenland (oder Zypern oder einem anderen Krisenland) mag ja großes Durcheinander herrschen – aber ganz so schlimm, wie alle sagen, kann es doch wohl nicht sein, schließlich fällt der Goldpreis.«[50] Anders gesagt: Der Goldpreis fällt nicht, *weil* die Leute weniger Angst haben, sondern *damit* sie weniger Angst haben. »Es ist weder neu noch überraschend, dass Zentralbanken an den Goldmärkten intervenieren«, glaubt James Rickards. »Wenn Gold Geld ist und Zentralbanken das Geld kontrollieren, dann müssen Zentralbanken auch das Gold kontrollieren.«[51] Sie haben die Mittel, und sie haben ein Motiv.

Im Prinzip können Zentralbanken, wenn sie wollen, den Goldpreis fast beliebig nach unten drücken, weil sie ein »Pfund« haben, mit dem sie wuchern können: ihre Goldreserven. Allein die Ankündigung, dass sie den Verkauf von Staatsgold in Erwägung ziehen *könnten,* würde den Goldpreis kollabieren lassen.

Insofern hat es einen guten Grund, dass Gold seit 2011 seine traditionelle, jahrhundertelang bewährte Rolle als »sicherer Hafen« nicht ausspielen konnte: Die Notenbanken waren dagegen. Einerseits lieben sie Gold (sie horten das meiste), andererseits hassen sie es (der Goldpreis soll bloß nicht steigen). Schließlich ist Gold der Hauptrivale von Fiatgeld, dessen Management den Zentralbankiers anvertraut wurde. Goldanleger sollten angesichts dieser Hassliebe der Notenbanken nie vergessen, dass Märkte und Öffentlichkeit, wenn es um Gold geht, von Währungshütern und Regierungen manipuliert werden können. Dies erhöht das Risikoprofil von Gold erheblich. Physisches Gold ist und bleibt ein sicherer Hafen; der Gold*preis* ist und bleibt aber turbulent.

3. Fakten und Hintergründe

Der Goldwürfel

Wie viel Gold ist eigentlich auf der Erde vorhanden? (Die Goldvorräte in anderen Gegenden des Universums existieren natürlich ebenfalls, spielen für uns aber praktisch keine Rolle.) Eine präzise Antwort auf diese Frage gibt es nicht, aber brauchbare Schätzungen.

Der World Gold Council, ein in London ansässiger Branchenverband von Goldproduzenten, schätzt, dass zum Jahreswechsel 2014/15 rund **183 600 Tonnen** Gold »above ground« vorhanden waren, also an gefördertem, schon »aus der Erde geholtem« Gold.[52] Wenn man all dieses im Lauf der Geschichte geförderte Gold in einem Gedankenspiel an einem Ort der Welt sammeln, einschmelzen und aufstapeln würde, ergäbe es einen Würfel mit einer Seitenlänge von gut 21 Metern und einem Gesamtvolumen von mehr als 9000 Kubikmetern. Zum Vergleich: Das Brandenburger Tor in Berlin, Wahrzeichen Deutschlands, ist samt Quadriga 26 Meter hoch. Angesichts der zentralen Rolle, die Gold

in der Wirtschafts- und Kulturgeschichte der Menschheit ge-
spielt hat, ist das eine winzige Menge. Teilmengen des Würfels
bestehen aus:

- dem Gold der altägyptischen **Pharaonen**, von dem einiges –
  wie die 1922 wiederentdeckten Grabbeigaben des Pharaos
  Tutanchamun und seine weltberühmte goldene Totenmas-
  ke – bis heute erhalten ist.

- dem legendären Gold, das **Krösus** – König der Lyder im heutigen Kleinasien, dessen Name bis heute synonym mit uner-
  messlichem Reichtum ist – im sechsten Jahrhundert vorchristlicher Zeit in Münzen schlagen ließ.[53]

- dem Gold der in der **Bibel** festgehaltenen Geschichten: dem
  Goldenen Kalb in der Wüste Sinai; den goldenen Sakral-
  gegenständen im Tempel in Jerusalem; dem Gold, das die Drei
  Weisen, auch Heilige Drei Könige genannt, dem neugebore-
  nen Jesus in der Krippe zum Geschenk machten (neben Weih-
  rauch und Myrrhe, damals ebenfalls höchst kostbar).

- dem Gold, das im 14. Jahrhundert aus Afrika nach Europa
  und in den Nahen Osten gelangte und die Menschen dort
  in Erstaunen versetzte, weil sich Mythen um seine Herkunft
  rankten. Woher genau es kam, wussten damals die wenigsten –
  nämlich aus Gegenden im heutigen Mali und Ghana.[54] Im
  Zuge der Kolonialisierung durch die Europäer erhielt Ghana
  später den Beinamen **Goldküste**.

- den berühmten Aurei (in der Einzahl **Aureus**), die das römische Reich prägen ließ; den Solidi (Einzahl **Solidus**), um 310 von Konstantin dem Großen eingeführt und jahrhundertelang in Gebrauch; den **Goldflorin** der italienischen Renaissancemetropole Florenz; den venezianischen **Dukaten**.

- all dem Gold, das die Spanier in der von ihnen neu entdeckten, sogenannten **Neuen Welt** plünderten. (Wobei Silber damals eine ähnlich große Rolle spielte.) 1521 eroberte Hernán Cortés das Reich der **Azteken** im heutigen Mexiko. Er ließ alles Wertvolle in seine Heimat schaffen, und alles Wertlose, aus seiner Sicht die Urbevölkerung, umbringen. 1532 forderte sein Landsmann Francisco Pizarro ein unvorstellbar hohes Lösegeld für die Freilassung des von ihm festgesetzten Atahualpa, König der **Inka**, in den südamerikanischen Anden: einen Raum voll Gold – eine damals wie heute kaum aufzubringende Menge – und als Zugabe das Doppelte in Silber. Den Inka gelang erstaunlicherweise in einer historischen Großtat die Erfüllung dieser Forderung. Sie trieben das bis heute berühmte **Gold von Caxamalca**[55] auf – was die Spanier nicht davon abhielt, Atahualpa dennoch ein Jahr später zu erdrosseln. Auch das Gold und Silber, das **Piraten der Karibik**, in zahllosen Filmen bunt in Szene gesetzt, in den folgenden Jahrhunderten raubten, ist eine Erwähnung wert. Es handelte sich in der Regel um Edelmetall, das die Spanier aus Mittel- und Südamerika mit Schiffen über den Atlantik in ihre Heimat bringen wollten – eine verlockend wertvolle Beute.

• dem Gold, das der **Goldrausch in Kalifornien** Mitte des
19. Jahrhunderts ans Licht brachte. In einem einzigen Jahr,
1850, produzierte die bis dahin nur spärlich besiedelte Gegend
im Westen des nordamerikanischen Kontinents mehr Gold,
als die gesamte *Welt* zuvor in einem Jahr geschürft hatte.[56]
In den 1860er- und 1870er-Jahren folgte der Goldrausch am
South Platte River, einer Gegend, die heute zum US-Bundesstaat Colorado gehört. Auch in **Australien** wurde etwa zu
dieser Zeit Gold gefunden. Und Ende des 19. Jahrhunderts
erlebte der **Klondike** im Nordwesten Kanadas – wo Dagobert
Duck, reichster Erpel der Welt, den Grundstock seines Vermögens legte – einen Goldrausch.

• dem wichtigsten Goldfund von allen schließlich, in den
1880er-Jahren im **Witwatersrand**, einem abgelegenen, damals
kaum erschlossenen Höhenzug in Transvaal im heutigen Südafrika. Inzwischen liegt hier Johannesburg, einst als Goldgrä-
bersiedlung gestartet und heute die größte Stadt Südafrikas.
Johannesburg liegt inmitten des mehrere Hundert Kilometer
breiten Vredefort-Kraters, der bei einem Asteroideneinschlag
in der Urzeit unseres Planten entstand. Soweit bekannt, ist der
Witwatersrand das reichste Goldreservoir auf der Erde. Etwa
die Hälfte allen Golds, das in der Geschichte der Menschheit gefördert wurde, stammt aus den Minen dieser Region,
die heute bis in eine Tiefe von 4000 Metern reichen. Fast das
gesamte 20. Jahrhundert hindurch war Südafrika der größte
Goldproduzent der Welt.

All dieses Gold – jedenfalls fast alles – ist **heute noch da.** Jede Münze, die jemals geprägt wurde, hat noch im 21. Jahrhundert unserer Zeitrechnung beträchtlichen Wert. Einige Schiffe mit Gold an Bord mögen im Lauf der Geschichte zwar unwiederbringlich verschollen sein, einige vor Jahrhunderten vergrabene Schätze vergessen, manch Ring oder Schmuckstück verloren gegangen. Aber das meiste ist noch vorhanden, weil Gold immer irgendwo einen hohen Wert verkörperte. Ging es verloren, suchte man danach. Gefiel Goldschmuck nicht mehr, schmolz man ihn ein und brachte ihn in eine neue, gefälligere Form. Ähnlich gingen Staaten und ihre Herrscher vor, die im Lauf der Geschichte immer neue Münzen prägen ließen – aus altem Material, versteht sich. Einige Atome jedes goldenen Eherings und jeder Goldmünze haben also eine sehr interessante Geschichte.

Dennoch würde alles Gold der Menschheit insgesamt nur einen Würfel von 21 Metern Kantenlänge bilden. Dies ist umso erstaunlicher, als der Großteil des heute vorhandenen Goldes erst nach dem Zweiten Weltkrieg gefördert wurde.[57] Vor 100 Jahren – etwa zum Ausbruch des Ersten Weltkriegs – hätte der Würfel ein nicht einmal halb so großes Volumen gehabt.

Auf einem der heute üblichen Frachter, die die Weltmeere durchqueren, würde das Gold der Erde nur einen Bruchteil des verfügbaren Laderaums einnehmen. Allerdings wäre der Goldkubus so gewichtig, dass das Schiff sofort sinken würde. Gold ist schwerer als das »Schwermetall« Blei. Ein Kilo hat ungefähr die Größe einer Zigarettenschachtel. Ein einziger Kubikmeter, ungefähr so groß wie ein Küchenherd, wiegt 19,3 Tonnen, und es wäre eine schlechte Idee, so einen Schatz tatsächlich in der

Wohnung zu lagern. Er würde mit größter Wahrscheinlichkeit dem Erdmittelpunkt entgegenstreben, also durch den Fußboden krachen.

Etwa die Hälfte des Goldwürfels entfällt auf Goldschmuck. Rund ein Fünftel liegt in den Tresoren der Notenbanken, ein Sechstel als Anlagegold bei Privatleuten. Der Rest entfällt auf Kunstgegenstände – zum Beispiel in Kirchen und Tempeln in aller Welt –, Blattgoldverzierungen, industrielle Produkte und Zahnersatz.

Würde man den Würfel portionieren und unter allen heute lebenden, gut sieben Milliarden Menschen aufteilen, würde jeder ungefähr **25 Gramm** mit einem aktuellen Wert von etwas mehr als 800 Euro erhalten. Das ist natürlich nur ein Gedankenspiel, denn die Verteilung von Wohlstand und Gold ist auf der Erde höchst ungleich. Aber wer nur eine einzige Feinunze von 31,1 Gramm besitzt – einen Krügerrand[58] oder ein Maple Leaf vielleicht –, der besitzt im Vergleich mit seinen Mitmenschen bereits überdurchschnittlich viel Gold.

Über das bereits geförderte Gold hinaus gibt es mutmaßlich reichlich Edelmetall auf der Erde. Genauer: *in* der Erde, wo in Goldminen und -adern noch mehrere 10 000 Tonnen auf ihren Abbau warten. Laut der U.S. Geological Society, bei derartigen Schätzungen eine Instanz, sollen es 55 000 Tonnen sein.[59] Wie viel genau es ist, weiß naturgemäß keiner so genau, schließlich ist das Edelmetall noch in Gestein eingeschlossen.

Sicher ist dagegen, wie viel Gold Jahr für Jahr neu geschürft wird und in Umlauf kommt: **zwischen 3000 und 3500 Tonnen**, also ungefähr acht bis neun Tonnen täglich. Das Volumen des

Würfels wächst stetig, wenngleich sehr langsam. Selbst wenn man die Goldreserven, die noch in Grund und Boden stecken, in unserem Goldwürfel berücksichtigen würde, würde er das Brandenburger Tor nicht überragen.

Darüber hinaus ist Gold in winziger Konzentration in **Meerwasser** gelöst – in so verschwindend kleinen Spuren allerdings, dass noch niemand die Technologie entwickelt hat, mit der sich die Produktion lohnen würde. Angesichts der Größe der Ozeane könnte es sich insgesamt um ein ordentliches Vermögen handeln. Forscher schätzen das Gewicht des in den Meeren »gelösten« Goldes auf immerhin 15 000 Tonnen.[60]

Last but not least gibt es Spekulationen, wonach im **Inneren der Erdkugel** reichlich Gold vorhanden sein könnte. In der Frühzeit unseres Planeten war das Gestein heiß und flüssig. Da Gold außerordentlich schwer ist, wäre es gen Erdinneres gesunken und hätte sich dort angesammelt, möglicherweise in großer Menge. Ein interessanter Gedanke, praktisch aber bedeutungslos für Goldanleger. Wenn es so sein sollte, wäre dieses Gold im Kern unseres Planeten schlicht nicht abbaubar.

Die Goldreserven der Welt

Mit dem Begriff »Goldreserven« sind die Goldbestände gemeint, die Staaten und Institutionen in aller Welt als Finanzpolster gebildet haben. Sie dienen in erster Linie als **Katastrophenschutz**: Wenn Währungen und Währungssysteme ins Wanken geraten, ist es höchst nützlich, einen gewichtigen Schatz an Edelmetall zu besitzen, der die Glaubwürdigkeit von Staaten, Regierungen und Notenbanken untermauern und notfalls wiederherstellen kann.

Tabelle 2 zeigt die aktuelle Spitzengruppe: die 40 Länder und Organisationen, die heute die größten Goldvorräte besitzen.

Rang	Land/Orga-nisation	Menge			
		in t	*in % der Reserven*	*in g je Ein-wohner*	*Wert in € je Einwohner*
1	USA	8134	74 %	26	825
2	Deutschland	3381	68 %	42	1346
3	Internatio-naler Wäh-rungsfonds (IWF)	2814	–	–	–
4	Italien	2452	66 %	40	1300
5	Frankreich	2435	65 %	37	1184
6	China	1658	2 %	1,2	39
7	Russland	1275	13 %	9	287
8	Schweiz	1040	7 %	127	4079
9	Japan	765	2 %	6	196
10	Niederlande	613	57 %	36	1173
11	Indien	558	6 %	0,4	14
12	Europäische Zentralbank (EZB)	505	26 %	–	–

Rang	Land/Orga-nisation	Menge			
		in t	*in % der Reserven*	*in g je Ein-wohner*	*Wert in € je Einwohner*
13	Türkei	505	16 %	6	209
14	Taiwan	424	4 %	18	581
15	Portugal	383	75 %	36	1164
16	Venezuela	361	68 %	12	401
17	Saudi-Arabien	323	2 %	11	344
18	Großbritan-nien	310	10 %	5	157
19	Libanon	287	21 %	49	1567
20	Spanien	282	19 %	6	195
21	Österreich	280	44 %	33	1050
22	Belgien	227	34 %	20	658
23	Kasachstan	206	27 %	11	371
24	Philippinen	195	9 %	2	63
25	Algerien	174	4 %	4	144
26	Thailand	152	4 %	2	69
27	Singapur	127	2 %	23	747
28	Schweden	126	8 %	13	418
29	Südafrika	125	10 %	2	74
30	Mexiko	122	2 %	1	33
31	Libyen	117	5 %	19	616
32	Griechen-land	113	74 %	10	333

Rang	Land/Organisation	Menge			
		in t	*in % der Reserven*	*in g je Einwohner*	*Wert in € je Einwohner*
33	Bank für Internationalen Zahlungsausgleich (BIZ)	108	–	–	–
34	Südkorea	104	1 %	2	66
35	Rumänien	104	10 %	5	163
36	Polen	103	4 %	3	86
37	Irak	90	5 %	3	100
38	Australien	80	6 %	3	110
39	Kuwait	79	8 %	23	728
40	Indonesien	78	3 %	0,3	10
Quelle: World Gold Council, eigene Berechnungen; Stand: Herbst 2015					

Tabelle 2: Die offiziellen Goldreserven

Angeführt wird die Liste von den **Vereinigten Staaten,** dem Internationalen Währungsfonds (IWF), mehreren europäischen Ländern sowie China und Japan. Allerdings sagt die *absolute* Höhe der Goldreserven – beispielsweise 3381 Tonnen in der Bundesrepublik – nicht alles. So hält die **Schweiz** in der offiziellen Statistik weniger Gold als China – bei einer viel kleineren Bevölkerung natürlich.[61] *Pro Kopf* führen die Schweizer dagegen die Liste mit 127 Gramm je Eidgenossen an. Selbst der Libanon besitzt pro Einwohner mehr Gold als Deutschland, das

Rang zwei belegt. Bevölkerungsreiche Länder wie China, Indien und Indonesien wiederum, obgleich mit beträchtlichen staatlichen Goldreserven ausgestattet, kommen auf weniger als ein oder zwei Gramm pro Einwohner.

Deutschland und die USA halten jeweils den Großteil ihrer *Gesamt*reserven in Form von Gold (68 beziehungsweise 74 Prozent) und einen relativ kleinen Rest in Devisen, also Fremdwährungen. **Chinas** Gold, ein ohnehin beachtlicher Schatz, entspricht dagegen offiziell nur zwei Prozent der Gesamtreserven. Der Vergleichswert für Japan liegt ebenfalls bei zwei Prozent.

Zudem sind die offiziellen Zahlen mit an Sicherheit grenzender Wahrscheinlichkeit nicht allzu zuverlässig. Es handelt sich um Schätzungen des World Gold Council, einer seriösen Quelle. Dennoch gibt es, gerade wenn es um die Finanzkraft von Staaten geht, viele Unbekannte. China beispielsweise, das bevölkerungsreichste Land der Welt, verfügt heute möglicherweise über erheblich mehr als die offiziellen 1658 Tonnen Gold – zwischen »offiziell« und »real« könnte also ein Unterschied bestehen. Die Volksrepublik erzielte dank ihres Wirtschaftsbooms jahrzehntelang hohe Überschüsse, die sie teils in Fremdwährungen wie den US-Dollar steckte (vor allem in amerikanische Staatsanleihen), teils in Gold. China hängte und hängt seine Goldkäufe aber nicht an die große Glocke, sondern geht diskret vor und macht aus dem Volumen seiner Goldreserven traditionell ein Geheimnis.[62] Von 2009 an wurde der offizielle Wert sechs Jahre lang nicht angepasst – und sprang im Juli 2015 auf einen Schlag um 57 Prozent nach oben[63], was einem unrealistischen Zuwachs von 604 Tonnen binnen eines Monats entsprechen würde. Aber

Diskretion und Datenverschleierung machen aus chinesischer Sicht durchaus Sinn. Man stelle sich vor, China würde öffentlich erklären, dass es in den nächsten Jahren einige Tausend Tonnen physisches Gold zu kaufen beabsichtige: Der Goldpreis würde sofort durch die Decke gehen und China unnötig teuer zu stehen kommen.

Auch **Indiens** Goldreserven von rund 560 Tonnen (Rang elf) müssen relativiert werden. Das meiste Gold der Inder ist in Privatbesitz, und zwar in Form von Goldschmuck, der auf dem Subkontinent traditionell als Statussymbol und als praktische Form der Wertaufbewahrung dient, vor allem für Frauen. Was in Deutschland das Sparbuch, ist in Indien quasi der »Spar-Schmuck«[64]. Dieses Gold – Schätzungen gehen von insgesamt ungefähr 22 000 Tonnen aus[65] – ist mühelos zu transportieren, zu verschenken, zu vererben, und man braucht dafür nicht einmal ein Bankkonto. Das ist in Indien, wo noch 2014 weniger als die Hälfte der Menschen ein eigenes Konto führte und das Misstrauen großer Bevölkerungsgruppen gegenüber Banken und Staat tief verwurzelt ist, ein erheblicher Vorteil. In Hindutempeln sollen weitere 2500 Tonnen Gold lagern[66], was, falls es stimmt, drei Vierteln der Reserven der Bundesbank entsprechen würde.

Andere Staaten, die mutmaßlich über hohe Goldbestände verfügen, tauchen in der offiziellen Liste überhaupt nicht auf; die Höhe ihres Edelmetallreichtums ist schlicht nicht bekannt. Iran und der Vatikanstaat etwa dürften jeweils mehrere Hundert Tonnen Gold besitzen.[67] Niemand weiß das so genau, und niemand spricht darüber.

Zugleich überrascht das hohe Ranking mancher Länder. **Italien**, eine der größten Volkswirtschaften der Welt, aber vor nicht allzu langer Zeit noch im Zuge der Eurozonen- und Schuldenkrise als Pleitekandidat gehandelt, verfügt laut World Gold Council über die viertgrößten Goldreserven der Welt. Auch das mit zehn Millionen Einwohnern recht kleine **Portugal** (383 Tonnen) sowie **Spanien** (282 Tonnen) sind goldreich. Selbst **Griechenland**, chronisch finanzklammes Mitglied der Eurozone, sitzt auf immerhin 113 Tonnen Gold mit einem rechnerischen Wert von 3,6 Milliarden Euro.[68] Das linksradikal und herrlich inkompetent regierte **Venezuela** kommt auf stolze 361 Tonnen, der seit Jahren von Krieg und Bürgerkrieg gezeichnete, allerdings extrem rohstoffreiche **Irak** auf immerhin 90 Tonnen.

Andererseits spielt Gold für die Notenbanken einiger wirtschaftlich einflussreicher Länder kaum eine Rolle. **Großbritannien** hat sich im Laufe der vergangenen zwei Jahrzehnte von einem Großteil seiner Bestände getrennt und verfügt aktuell nur noch über 310 Tonnen Gold, angesichts der Größe der britischen Volkswirtschaft ein sehr übersichtlicher Vorrat. **Kanada**, einer der größten Goldförderer der Welt, hält nur winzige Bestände in seinem Staatsschatz vor – hat aber für den Fall der Fälle natürlich noch eine ungeheure Menge in den landeseigenen Minen. **Japan** verfügt angesichts der Größe seiner Volkswirtschaft über minimale Edelmetallreserven.

Darüber hinaus ist bei den offiziellen Goldreserven zu berücksichtigen, dass Eigentum und Besitz unterschiedliche Konzepte sind. Die Frage, wo und wie die Goldbestände der Nationen **gelagert** werden, ist wichtig und politisch sensibel. Eine Schlüsselrolle kommt dabei den Vereinigten Staaten zu. Die USA waren in den vergangenen 100 Jahren die mit Abstand stärkste Volkswirtschaft der Welt und eine politische und militärische Supermacht. Ihre Währung, der US-Dollar, wurde im Rahmen des Bretton-Woods-Systems zur Leit- und Ankerwährung der Welt – ein Privileg, das den Dollar bis heute auszeichnet.

Das US-Finanzministerium, »Treasury« genannt, verfügt über die größten offiziellen Goldreserven weltweit und lagert diese vor allem in einem Hochsicherheitstrakt in **Fort Knox** im Bundesstaat Kentucky. Kleinere Bestände gibt es in West Point (New York) und in Denver (Colorado).[69] Auch die US-Notenbank, das Federal Reserve System (Fed), verwaltet jedoch Gold, das tief unter dem Gebäude der New Yorker Zweigstelle in Manhattan aufbewahrt wird. Die Lage – die Straßenanschrift der **New York Federal Reserve** lautet 33 Liberty Street – ist bewusst gewählt.[70] Manhattan, eine zwischen dem Hudson-Fluss und dem East River gelegene Insel, besteht im Grunde aus Granit und ist damit ideal für das Lagern des Edelmetalls. Tief unter Manhattan ruht also das vermutlich größte Golddepot der Welt. »Vermutlich«, weil es nicht ganz einfach ist, dort nachzuschauen – nicht einmal für US-Politiker. Allerdings handelt es sich bei dem Schatz in Manhattan nur zu einem kleinen Teil um das Staatsvermögen Amerikas. Vielmehr lagern in New York auch die Goldbestände von vielen weiteren Ländern, darunter auch ein beträchtlicher Teil des deutschen Goldes.

Das mag auf den ersten Blick merkwürdig und suspekt klingen, hat aber nachvollziehbare historische Gründe. In den Jahren zwischen den Weltkriegen – Deutschland firmierte als Weimarer Republik, Faschismus und Kommunismus waren in weiten Teilen Europas im Kommen – galten die USA als sicheres und neutrales Territorium, nicht anders als beispielsweise die Schweiz heute noch. Neue militärische Konflikte in Europa schienen damals nicht nur möglich, sondern früher oder später wahrscheinlich. Wer sein Staatsgold vor dem jederzeit denkbaren Einmarsch einer feindlichen Armee in Sicherheit bringen konnte, der tat dies aus einer durchaus schlüssigen Logik heraus. Zwischen Europa und Nordamerika lag ein natürliches Hindernis erster Güte: der Atlantische Ozean.

Nach dem Zweiten Weltkrieg und der Etablierung des Bretton-Woods-Finanzsystems war wiederum der mit Gold unterlegte US-Dollar die wichtigste Währung. Für wirtschaftlich erfolgreiche Länder, die in der Nachkriegszeit nach und nach Goldreserven bildeten, machte es durchaus Sinn, dieses Gold in New York – der Finanzhauptstadt des Dollarwährungsraums und später der Welt – zu lassen und dort je nach Bedarf einfach von einem Staatsdepot auf ein anderes zu übertragen.

Eines dieser wirtschaftlich erfolgreichen Länder war die 1949 gegründete Bundesrepublik Deutschland, die in den 1950er- und frühen 1960er-Jahren ihr sogenanntes Wirtschaftswunder erlebte, getragen vom Wiederaufbau des im Zweiten Weltkrieg weitgehend zerstörten Landes. Westdeutschland, das 1951 laut Bundesbank lediglich 529 Kilo Gold besaß, erzielte bald wieder hohe Export- und Leistungsbilanzüberschüsse, was im damaligen Finanzsystem bedeutete: einen steten Zufluss von US-Dollars, die mit Gold unterlegt waren. Ein Großteil der heutigen offiziellen Reserven der Bundesbank bildete sich in dieser Zeit.

Sie lagern bis jetzt allerdings überwiegend nicht auf deutschem Territorium, sondern im **Ausland**. Etwa 43 Prozent befinden sich zurzeit bei der Fed in New York, 13 Prozent in London, neun Prozent in Paris, der Rest in Frankfurt am Main und Mainz.[71] Neben den Besonderheiten des Bretton-Woods-Systems lag dies auch an den außenpolitischen Gegebenheiten der Nachkriegsjahrzehnte. Während des Kalten Krieges wäre es außerordentlich riskant gewesen, das bundesdeutsche Gold ausschließlich in Frankfurt zu horten, wenige Autostunden vom Eisernen Vorhang entfernt. Wäre die Rote Armee einmarschiert – in den 1950er- und 1960er-Jahren nach Ansicht vieler eine realistische Gefahr –, wäre das Gold nicht sicher gewesen und eine leichte Beute geworden.

Heute sind die währungs- und außenpolitischen Rahmenbedingungen andere. Bretton Woods, Kalter Krieg und Sowjetunion sind Geschichte. Hinzu kommt, dass sich niemand so richtig sicher ist, ob das im Ausland gelagerte Gold – insbesondere jenes unter Obhut der Amerikaner – überhaupt noch vorhanden und disponibel ist. Die Skepsis ist berechtigt. Es ist gut möglich, dass die Fed das in New York für Deutschland und viele andere Länder gebunkerte Gold **ausgeliehen** oder **verpfändet** hat – ein für Notenbanken alltägliches Verfahren, mit dem Gold quasi zum »Arbeiten« geschickt wird, also eine kleine Rendite erzielt. Ansonsten würde es keinen Gewinn abwerfen, sondern einfach nur rumliegen. Ein Audit, also eine unabhängige Prüfung der Bestände in New York, wäre fraglos hilfreich. Sie findet aber seit Jahrzehnten nicht statt, unter Verweis auf recht fadenscheinige Argumente (der Aufwand, die Kosten, so ungefähr). Das jüngste umfangreiche Audit des Fed-Golds wurde 1953 durchgeführt.[72]

Vor diesem Hintergrund leitete die Bundesbank im Januar 2013 eine **Rückführung** ein, vor allem infolge der Bürgerinitiative »Holt unser Gold heim!«. Die Initiative, von Peter Boehringer und anderen angestoßen, argumentiert, dass der entscheidende Vorteil von Gold darin liegt, in Zeiten der Krise – nicht zuletzt in der seit 2007/08 chronisch schwelenden Finanzkrise im Euroraum – kein **Gegenparteirisiko** aufzuweisen. Gold ist, anders als beispielsweise Staatsanleihen, kein Schuldschein, der von heute auf morgen platzen kann, sondern einfach nur da. Diesen Vorzug kann das Edelmetall nur ausspielen, wenn man es besitzt, also im eigenen Land aufbewahrt. Anders gesagt: Wer seinen Staatsschatz im Ausland lagert, hat eben doch ein Gegenparteirisiko. Vertrauen ist gut, aber nicht alles. Dass auch andere Länder ihr Staatsgold nach Hause holen – darunter in jüngerer Zeit Aserbaidschan, die Niederlande, Österreich und Venezuela –, legt nahe, dass dieses Risiko mehr und mehr ins Bewusstsein der Politik und der Öffentlichkeit geraten ist. Gut so.

Das Medienecho zu diesem Thema war und ist beträchtlich – nicht zuletzt, weil die Rückholaktion der Bundesbank anfangs nicht gerade ein Beispiel für deutsches Organisationstalent zu sein schien. So gingen 2013 gerade einmal fünf Tonnen aus New York in Deutschland ein, also fünf Tönnchen *innerhalb eines Jahres,* so gut wie gar nichts. Fünf Tonnen Gold haben ungefähr das Volumen eines Reisekoffers. Allerdings hat sich die Rückführung seitdem beschleunigt. 2014 kamen weitere 120 Tonnen an (85 aus New York, 35 aus Paris). 2020, stellt die Bundesbank in Aussicht, soll die Hälfte des deutschen Goldes tatsächlich in Deutschland lagern. 37 Prozent sollen in New York, 13 Prozent in London verbleiben. Das Lager im Eurozonenpartnerland Frankreich wird, sofern die Pläne erfolgreich abgeschlossen werden, komplett geräumt sein.

Papiergold und Preisbildung

Viele Goldliebhaber haben in den Jahren seit 2011 eine unangenehme Erfahrung gemacht. Obwohl immer wieder Finanzkrisen ausbrachen, *fielen* die Goldpreise, mitunter sogar rapide. Und dies, obgleich in Medienberichten davon zu lesen und zu hören war, dass Edelmetallhändlern und Prägeanstalten in aller Welt Gold- und Silbermünzen auszugehen drohten, also knapp waren. Vielen war das ein Rätsel: Wie ging das zusammen?, fragten sie sich. Zu Recht.

Um verstehen zu können, warum die Edelmetallpreise selbst in finanzsystemischen Krisenzeiten sinken können, ist es entscheidend, den Unterschied zwischen physischem Gold und sogenanntem Papiergold zu verstehen.

Physisches Gold

Physisches, also »anfassbares« Gold kommt fast überall auf der Erde vor – auf allen Kontinenten, in allen Regionen, aber eben nur in winzigen Mengen, wie der eben beschriebene Goldwürfel mit einer Kantenlänge von wenig mehr als 20 Metern verdeutlicht. Der World Gold Council geht davon aus, dass das Edelmetall heute in etwa 90 Ländern rund um den Globus abgebaut wird. Auch in Deutschland wurde und wird in einigen Mittelgebirgen und in den Sedimenten des Rheins, der in den Alpen entspringt, nach Gold gefahndet.

Nachfrage in t	*2013*	*2014*
Schmuck	**2673,2**	**2462,9**
Technologie	**354,3**	**346,5**
Elektronik	248,6	277,6
Sonstige Industrie	82,7	49,0
Zahnersatz	23,0	19,9
Investment	**785,6**	**820,2**
Barren und Münzen	1702,0	1004,4
ETFs* und ähnliche Anlageformen	−916,3	−184,2
Zentralbanken und andere Institutionen	**625,5**	**590,5**
Gesamt	**4438,6**	**4220,1**
Angebot in t	*2013*	*2014*
Minenproduktion	**3036,5**	**3234,0**
Recycling	**1247,4**	**1168,9**
Gesamt	**4283,9**	**4402,9**
* Exchange-Traded Funds (hier: mit physischem Edelmetall hinterlegte Goldfonds); Quelle: World Gold Council		

Tabelle 3: Angebot und Nachfrage

Die **Weltnachfrage** lag 2014 – dem letzten Jahr, für das vollständige Daten vorliegen – bei 4200 Tonnen.[73] Die wichtigste Rolle spielte dabei mit annähernd 60 Prozent die Schmuckbranche. Ein knappes Viertel entfiel auf Anlagegold in Form von Barren und Münzen. Die industrielle Nutzung von Gold (zum Beispiel in der Elektronik[74]) und der Einsatz in der Zahnmedizin (etwa als Füllungen[75]) sind von nachrangiger Bedeutung.

Lange Zeit war Indien der wichtigste Abnehmer von physischem Gold, wurde 2013 aber von China überholt. Laut World Gold Council lag allein die Verbrauchernachfrage in China 2014 bei 974 Tonnen, unter Berücksichtigung Hongkongs sogar bei 1035 Tonnen. Der Vergleichswert in Indien betrug 811 Tonnen, während die USA lediglich 164 Tonnen und Deutschland 112 Tonnen nachfragten.

Das **Weltangebot** lag 2014 bei 4400 Tonnen, also – anders als im Vorjahr – *über* der Nachfrage. Etwa drei Viertel des Marktangebots stammen dabei aus der laufenden Minenproduktion in aller Welt. Der Rest ist recyceltes Gold, zum Beispiel das von Altgoldhändlern erworbene Material.[76]

Heute sind die vier größten Flächenstaaten der Erde – Russland, Kanada, China und die USA – zugleich die vier größten **goldproduzierenden Länder**. Dies war keineswegs immer so. Fast im gesamten 20. Jahrhundert, von 1905 bis 2007, war Südafrika mit seinen reichhaltigen Goldlagern im Witwatersrand der größte Förderer der Welt. Noch 1970 entfielen etwa vier Fünftel der Weltproduktion auf Südafrika.[77] 2007, 13 Jahre nach Ende des Apartheidregimes, wurde es auf Rang eins von China abgelöst und fällt seitdem kontinuierlich weiter zurück. Zurzeit liegt es auf dem siebten Platz. China ist heute zugleich der größte Produzent und der größte Käufer von Gold, während Indien als Abnehmer (allerdings nicht als Förderer) die wichtigste Nebenrolle spielt. Der physische Goldmarkt wird somit bis auf Weiteres entscheidend von den wirtschaftlichen Befindlichkeiten in Asien geprägt, nicht jenen in Europa oder Nordamerika.

Rang	Land	Jahresproduktion in t
1	China	450
2	Australien	270
3	Russland	245
4	USA	211
5	Kanada	160
6	Peru	150
6	Südafrika	150
8	Usbekistan	102
9	Mexiko	92
10	Ghana	90
Quelle: United States Geological Survey, Stand: Januar 2015		

Tabelle 4: Die größten goldproduzierenden Länder der Welt

Papiergold

Eine viel wichtigere Rolle als dieses »echte« Gold spielt an den Finanzmärkten heute sogenanntes Papiergold. Die Unterscheidung zwischen diesen beiden Anlagevarianten ist für jeden Edelmetallanleger von größter Bedeutung.

In der Finanzbranche werden nicht nur physische Goldbestände gehandelt, sondern auch Wertpapiere, die einen Bezug zum Gold haben. Beispiele sind Gold-Swaps (komplexe Tauschvereinbarungen zwischen institutionellen Investoren), Forwards und Futures (Wetten auf den zukünftigen Goldpreis) sowie Lease-Vereinbarungen (Gold-Leihen). Diese Instrumente sind weitgehend professionellen Investoren und Spekulanten vorbehalten, die zum großen Teil überhaupt kein Interesse am physischen Gold selbst haben, sondern lediglich an der Preisentwicklung des Edelmetalls. Papiergold wird heute rund um den Globus und fast rund um die Uhr elektronisch gehandelt.[78] Comex und das Computerhandelssystem Globex sind wichtige Marktplätze.

All dies könnte deutschen Sparern, die mit Goldmünzen und -barren ihr Vermögen sichern wollen, egal sein, wenn die Menge des Papiergolds das physisch vorhandene Gold nicht weit übertreffen würde. Das Verhältnis von Papiergold zu physischem Gold liegt Schätzungen zufolge mindestens bei etwa 100:1.[79] Man sollte meinen, dass es angesichts dieser Verquickung sinnvoll wäre, zwei Preise für Gold zu haben – einen für »echtes«, physisches Gold und einen zweiten für Papier- beziehungsweise Pseudogold. Doch es gibt keine separaten Börsennotierungen für Papier- und physisches Gold[80], sodass die Nachfrage nach physischem Gold bei der Preisbildung heute nur noch eine marginale Rolle spielt. Der entscheidende Faktor, der über den Goldpreis entscheidet, ist das gehandelte Papiergold. Während physisches Gold nicht beliebig vermehrt werden kann, ist dies bei Papiergold problemlos möglich (nicht anders als bei Papier*geld*). Praktisch heißt das: Ob ein Verkäufer eine Tonne Gold physisch oder als Papier auf den Markt wirft, ist ziemlich egal. Der Preis reagiert gleich. So drückte mutmaßlich die zur Bank of America gehörende US-Bank Merrill Lynch in einem berühmt-berüchtigten Fall am 12. April 2013 – zu dieser Zeit tobte die Bankenkrise in Zypern, einem Eurozonenland – binnen weniger Minuten mehr als 100 Tonnen Papiergold auf den Markt, eine abenteuerlich große Menge. Wenig später wurden weitere 300 Tonnen zum Verkauf gestellt. Der Goldpreis kollabierte entsprechend, um 200 Dollar je Feinunze.

Nichts macht den Unterschied zwischen physischem Gold und Papiergold deutlicher als ein Bild: ein Blick auf die legendäre *Titanic,* das als unsinkbar geltende Linienschiff auf Jungfernfahrt über den Nordatlantik nach New York. Für den Fall der Seenot hat die *Titanic* in diesem Vergleich ein einziges Rettungsboot an Bord. Es würde bei einem Unglück also nur einen winzigen Teil der Passagiere und Besatzungsmitglieder aufnehmen können. Aber was macht das schon, das Schiff gilt ja als unsinkbar! *Und* es gibt darüber hinaus schließlich noch die »Papierrettungsboote«: 100 Zettel etwa, die den Passagieren und der Crew auf dem Schiff jeweils den Anspruch auf Lieferung eines Rettungsboots zu einem späteren Zeitpunkt versprechen.

Solange Schiff und Eisberg sich noch nicht begegnet sind, haben das einzige »physische« Rettungsboot und die 100 Anwartscheine auf ein Rettungsboot de facto denselben Preis. Schließlich liegt das Risiko eines Sinkens der *Titanic,* glauben so gut wie alle, praktisch bei null.

Nachdem Schiff und Eisberg sich getroffen haben, sieht die Lage anders aus. Was ist der Wert eines echten, einsatzbereiten

Rettungsboots auf der sinkenden *Titanic* bei einem Unglück? Fast unendlich hoch natürlich, schließlich geht es um Leben (für wenige) und Untergang (für viele). Was ist dagegen der Wert eines Zettels, auf dem die Lieferung eines Rettungsboots zu einem in der Zukunft liegenden Zeitpunkt versprochen wird, womöglich gar von der Reederei, die mit dem Sinken ihres Schiffs in die Pleite rutscht? Sehr niedrig natürlich; praktisch null. Wenn die *Titanic* untergeht, ist ein echtes, physisches, anfassbares Rettungsboot das einzig Wahre. Pseudorettungsboote auf dem Papier sind wertlos. Übertragen auf unser Fiatgeldfinanzsystem bedeutet das: Gerät es ins Wanken, ist physisches Gold der relevante Fluchtpunkt. Papiergold wird früher oder später als das entlarvt werden, was es ist: Papier, kein Gold.

Solange Marktteilnehmer Papiergold vertrauen und ihm den gleichen Wert beimessen wie physischem Gold, bleibt das System stabil. Kommt aber ein Unglück in Gestalt eines metaphorischen Eisbergs daher, werden die wesentlichen Unterschiede zwischen realem Gold und Pseudogold von heute auf morgen offenbar.

Gelb, weiß, bunt:
Die Farben des Goldes

Gold ist gelb, weiß jedes Kind – »goldgelb« eben. Das stimmt, und es stimmt auch wieder nicht.

Anlagegold – hierzu zählen die meisten Münzen und Barren, die von Edelmetallhändlern in Deutschland vertrieben werden –

hat einen besonders hohen Goldgehalt von mindestens 99,9 Prozent. Man spricht daher auch von Feingold, 24-Karat- oder (fast) reinem Gold (»999«).[81] Dies ist **Gelbgold** mit seinem typischen, auch für Laien leicht identifizierbaren Farbton.

Bei weniger reinem Gold handelt es sich um Mischungen verschiedener Metalle, sogenannte Legierungen, die vor allem in der Schmuck- und Uhrenindustrie zum Einsatz kommen. 18 Karat entsprechen einem 75-prozentigen Goldanteil (»750«), 14 Karat 58,5 Prozent (»585«), acht Karat 33,3 Prozent (»333«). Ändert sich der Goldanteil, ändert sich auch das Aussehen, abhängig von den beigemengten Metallen.

Weißgold ist eine hochwertige Legierung der Schmuck- und Uhrenindustrie, bei der überwiegend »weiße« Edelmetalle – vor allem Platin, Palladium oder Silber – beigemischt werden. Auch die billigeren Metalle Nickel, Kupfer und Zink können vorkommen.

Bei **Rotgold**, ebenfalls recht beliebt bei Ringen und anderem Schmuck, spielt wiederum Kupfer, ein in seiner Reinform rötliches Metall, die entscheidende Rolle, wobei abhängig vom gewünschten Effekt auch andere Metalle wie Silber beigefügt werden können. Die südafrikanische Krügerrand-Münze beispielsweise weist einen rötlichen Schimmer auf, weil ihr Kupfer beigemischt wurde. (Was nichts daran ändert, dass ein Ein-Unzen-Krügerrand trotzdem genau 31,1 Gramm Feingold enthält. Das Gesamtgewicht der Münze liegt bei 33,93 Gramm, der Goldgehalt bei 91,67 Prozent.)

Gelb, weiß und rot sind die wichtigsten Farbtöne beim Gold. Wer im Labor lange genug herumexperimentiert, erhält aber noch originellere Farbnuancen. Mit dem richtigen Mischverhältnis von Gold und Silber erzeugt man **grünliches** Gold oder **graues** Gold. Ähnlich muss das legendäre **Elektrum** der Antike ausgesehen haben, eine natürlich vorkommende Legierung von Gold mit hohem Silberanteil. Abhängig von der Mischung hatte Elektrum ein gelbliches, silbernes, graues oder auch grünliches Aussehen. Und schließlich gibt es in der Abteilung Kurioses sogar **blaues** Gold (mit einem Eisenanteil) und **lila** Gold (mit Aluminium).

Silber, Platin, Palladium, Edelsteine

Neben Gold kommen für Anleger grundsätzlich auch andere Edelmetalle infrage. Das bekannteste und am weitesten verbreitete ist Silber. Daneben spielen Platin und Palladium eine Rolle. Diese drei Elemente werden aufgrund ihrer silbrigen Erscheinung manchmal auch die »weißen« Edelmetalle genannt. Da sie sich äußerlich ähneln, ist die Echtheit dieser Metalle für Laien oft schwerer zu erkennen als bei Feingold.

Sie können ebenfalls als Wertanlage nützlich sein. Ein wesentlicher Unterschied besteht allerdings darin, dass Gold nur zu einem sehr geringen Teil in Industrieprodukten (zum Beispiel Handys) eingesetzt wird, während dieser Aspekt bei den weißen Edelmetallen eine große Rolle spielt. Silber kommt zum Beispiel in großem Stil in der Solarindustrie und in der Fotobranche zur Anwendung. Platin und Palladium sind für Abgaskatalysatoren so unentbehrlich, dass ein Großteil der Weltnachfrage aus der Autoindustrie stammt. Insofern hängt die Wertentwicklung der weißen Edelmetalle – anders als bei Gold – stark von der Konjunktur ab. Schwächelt die Weltwirtschaft, sinken tendenziell die Notierungen für Silber, Platin und Palladium. Sollten wir in eine neue finanzsystemische Krise geraten, würde die mit großer Wahrscheinlichkeit mit einem drastischen Wirtschaftseinbruch einhergehen, sodass die Preise von sämtlichen Industriemetallen unter Druck geraten würden – auch jene von Silber, Platin und Palladium.

Silber

Das zweitbekannteste Edelmetall, Silber, kostet aktuell etwa 15 Euro je Feinunze, sodass das Attribut »edel« mittlerweile grenzwertig erscheint. Dabei schwankt der Silberpreis noch stärker als der ohnehin schon volatile Goldpreis.

Der Preis einer Feinunze Gold liegt zurzeit bei gut 1000 Euro, sodass das Preisverhältnis von Gold zu Silber ungefähr bei 67:1 liegt. 67 Silbereinheiten entsprechen also einer Goldeinheit. Das ist ein ungewöhnlich hoher Wert: Traditionell galt zuvor lange ein Verhältnis von etwa 50:1, im 18. Jahrhundert sogar von 15:1 und vor zwei Jahrtausenden von etwa 10:1. Silber erscheint in Relation zu Gold zurzeit also billig (beziehungsweise Gold im Verhältnis zu Silber teuer).

Silber hat gegenüber Gold jeweils zwei große Nachteile und Vorzüge:

Die Nachteile:

- Das aktuell ungewöhnlich niedrige Preisniveau bei Silber verdeutlicht, warum sich dieses Edelmetall zur Aufbewahrung von Vermögenswerten – also als Wertspeicher – eher schlecht eignet. Es ist schlicht **unpraktisch.** Wer heute beispielsweise 10 000 Euro in Silber anlegen will, erhält dafür 20 Kilobarren. Das ist eine gerade noch zu handhabende Menge, allerdings für die meisten nicht haushaltsüblich und für viele Safes und Schließfächer zu sperrig. Bei höheren Summen wird es zwangsläufig noch ungemütlicher. Wer eine Million an liquiden Mitteln in Silber stecken will, ist mit mehr als zwei Tonnen Silber dabei. Viel Spaß damit.

- Nachteil Nummer zwei: Beim Kauf und Verkauf von Anlagesilber (also den handelsüblichen Anlagebarren und -münzen) fällt die gesetzliche **Mehrwertsteuer** von zurzeit 19 Prozent an. Bei einem Erwerb wird also sogleich ein Verlust produziert, der im Lauf der Zeit erst wieder ausgeglichen werden muss. Die sogenannte **Differenzbesteuerung** – ein kompliziertes und legales Umsatzsteuerverfahren, das vor allem bei Silbermünzen aus Nicht-EU-Staaten greift (also zum Beispiel beim Maple Leaf aus Kanada, beim Kookaburra aus Australien und beim mexikanischen Libertad) – verringert die steuerliche Belastung für Käufer von Münzen deutlich. Grundsätzlich bleibt die Benachteiligung bei der Umsatzsteuer vis-à-vis Gold aber bestehen, schließlich sind Goldmünzen von dieser Steuer befreit.

Die Vorzüge:

- Andererseits wird man im echten Katastrophenfall, also dem Zusammenbruch unseres Finanz- und Bankensystems, mit Silber vermutlich besser **einkaufen** können als mit Gold – eben weil der Wert von drei oder vier Silberunzen etwa einen Lebensmitteleinkauf für die Familie erlaubt, während eine Goldmünze eher einer neuen Waschmaschine entspricht.

- Zudem ist die Wahrscheinlichkeit, dass der Privatbesitz von Silber eines Tages **verboten** wird, geringer als bei Gold (mehr zum wichtigen Stichwort »Goldverbot« im folgenden Kapitel). Es gibt schlicht viel mehr Silber als Gold, und es ist ein wichtiges Industriemetall, sodass ein Verbot von Staats wegen nicht praktikabel sein dürfte.

In der Summe legen diese Punkte nahe, dass Silber alles andere als eine ideale Alternative zu Anlagegold ist. Als **Ergänzung** oder Beimischung in einem Edelmetalldepot kann es jedoch sinnvoll sein.

Platin und Palladium

Dies gilt im Prinzip auch für Platin und Palladium, beide deutlich höherwertige Edelmetalle als Silber. Eine Feinunze Platin kostete im Herbst 2015 rund 860 Euro[82], eine Unze Palladium um 550 Euro. Der Markt für Anlagemünzen und -barren ist bei diesen Metallen aber weniger liquide als bei Gold und Silber.

Ein An- und Verkauf ist daher nicht jederzeit möglich – oder nur zu ungünstigen Konditionen, also mit hohem Aufgeld. Zudem liegt die Umsatzsteuer, die bei Kauf und Verkauf berechnet wird, ebenfalls bei abschreckenden 19 Prozent.

Damit dürften Platin und Palladium allenfalls für ernsthaft vermögende Anleger eine Rolle spielen, die über ein großes Edelmetallportfolio verfügen. Für sie können im Zuge der Risikostreuung kleine Beimischungen dieser Metalle angebracht sein. Alle anderen sollten sich auf Gold konzentrieren, eventuell mit einer kleinen Silberergänzung.

Edelsteine

Noch mehr als Gold speichern Edelsteine Wert auf kleinstem Raum. Die wichtigsten sind Diamanten, Rubine, Saphire und Smaragde.

- Die meisten **Diamanten** sind farblos (»weiß«), während die besonders seltenen Farbdiamanten, »fancy« im Jargon, das mit Abstand teuerste Segment stellen. Besonders gefragt und höchstpreisig sind zurzeit blaue, pinkfarbene und gelbe Steine erster Güte. Die meisten Diamanten kommen heute in der Südhälfte Afrikas sowie in Australien, Kanada und Russland zutage.

- **Saphire** sind meist blau, manchmal aber auch orange oder pinkfarben. Wichtige Herkunftsregionen sind Sri Lanka und Kaschmir.

- Die wertvollsten **Rubine,** »taubenblutrot« wird der ideale Farbton genannt, stammen bis heute aus Birma (Myanmar). Dort gibt es zurzeit nur noch sehr wenige ertragreiche Minen, sodass Mosambik im Südosten Afrikas heute als größter Lieferant gilt.

- Bei **Smaragden,** die sogar einem Grünton den Namen gaben (»smaragdgrün«), sind Sambia und Kolumbien wichtige Produktionsländer.

Rare Diamanten und Rubine – groß, lupenrein, ideal geschliffen – kosten heute achtstellige Eurobeträge, bringen dabei aber nur ein paar Gramm auf die Waage. (Ein Gramm entspricht bei Edelsteinen fünf Karat – nicht zu verwechseln mit den Karat bei Gold, die den Edelmetallgehalt messen.) Bei erstklassigen Stücken liegt der in Auktionen erzielte Karatpreis heute nicht selten bei mehr als einer Million Euro. Das entspricht einem theoretischen Kilopreis von mehr als fünf Milliarden Euro. (Ja, Sie haben richtig gelesen: Milliarden, nicht Millionen.) »Theoretisch«, weil Edelsteine immer einzigartige Preziosen sind, Unikate. Zum Vergleich: Ein Kilobarren Gold kostete im Herbst 2015 um die 32 500 Euro. Edelsteine der Spitzenklasse sind also je Gramm mehr als 100 000-mal so teuer wie Gold – was an und für sich ja auch keine ganz billige Substanz ist.

Sie sind deshalb ideal, um größten Wert auf kleinstem Raum zu speichern. Für Normalbürger ist das vielleicht unterhaltsam, im Kern aber egal: Die meisten von uns sind mangels Masse und Expertise nicht am Edelsteinmarkt aktiv, und das ist gut und richtig so. Wer aber beispielsweise in der Verlegenheit ist, zehn Millionen Euro jenseits des Bankensystems anzulegen – auch solche Leute gibt es –, kann ein logistisches Problem bekommen. Würde er sein Geld in Form von physischem Silber anlegen, müsste er mehr als 20 Tonnen transportieren und einlagern. Auch für Gold – mehr als 300 Kilo – bräuchte er einen ziemlich großen Safe. Diamanten oder Spitzenrubine für zehn Millionen passen dagegen mühelos in die Jackentasche – oder natürlich auf einen Ring, den man anziehen kann. Diskretion fällt mit Edelsteinen leichter. So weit, so charmant.

Allerdings machen zwei Besonderheiten diesen Markt für die meisten Anleger uninteressant:

- Jeder Edelstein ist ein Einzelstück mit zahllosen Attributen, die für seine Wertbestimmung entscheidend sind. Bei Diamanten sind dies beispielsweise die berühmten »vier Cs«: carat (Gewicht), clarity (zum Beispiel »lupenrein«), color (Farbe) und cut (Schliff). Nicht selten spielt heute auch die Provenienz eine Rolle, also die Vorgeschichte und die vorherigen Besitzer. Die Qualität und der faire Marktwert eines Steins sind *nur* für Experten zu ergründen, beispielsweise von gemmologischen Instituten und spezialisierten Händlern. Wer in Edelsteine investieren will, braucht also einen Berater, der sich erstens auskennt und zweitens ehrlich und vertrauenswürdig ist.

- Ähnlich schwierig – aber noch riskanter – ist ein Verkauf, erst recht für einen Nichtspezialisten. Das gilt insbesondere für Steine, die keine Spitzenstücke sind. Denn machen wir uns nichts vor: Viele Diamanten, die in der Schmuckindustrie zum Einsatz kommen, sind wunderschön und haben einen hohen materiellen und ideellen Wert. Aber es sind keine Spitzenstücke, sondern Massenware. Wer versucht, so ein Teil zu verkaufen, wird es schwer haben: Jeder Juwelier weiß, dass es weltweit Hunderttausende vergleichbare Steine gibt – und er weiß auch, wo er sie günstig kaufen kann. Die Wahrscheinlichkeit ist hoch, dass ein Verkäufer mit dem Erlös enttäuscht wird. Anders verhält es sich bei absoluten Spitzenstücken, die makellos (»flawless«) sind, marktfähig geschliffen und von Experten zertifiziert. Solche Steine sind extrem selten und daher extrem teuer. In der Standardgröße von ein bis zwei Karat kosten sie zurzeit deutlich mehr als 20 000 US-Dollar je Karat, also mehr als ein Pfund Gold. Dafür wird man solche Preziosen aber auch überall auf der Welt wieder zu einem guten Preis los, wenn man weiß, wie es geht.

Gold mag weniger Aura als Edelsteine ausstrahlen. Aber es weist im Vergleich mit Diamanten und Farbedelsteinen erhebliche Vorzüge auf – nicht zuletzt den, dass bei Kauf und Verkauf auch nicht annähernd so viel schiefgehen kann. Das Edelmetall bringt also deutlich weniger Risiken mit sich.

4. Pro und Contra

Die härteste Währung der Welt:
17 Gründe, die für Gold sprechen

- Gold ist, wie der Goldwürfel (Kapitel 3) deutlich gemacht hat, ein äußerst seltenes Element. Diese **Knappheit** ist nützlich, wenn es um die Speicherung von Wert und Kaufkraft geht, eine der Grundfunktionen jedes Gelds. Ist etwas überall reichlich vorhanden – sagen wir: Wasser, Sand, Erdöl oder Kartoffeln –, wird ihm niemand großen Wert einräumen, schließlich stehen nahezu grenzenlose Mengen zur Verfügung. Darüber hinaus wird physisches Gold voraussichtlich immer selten und knapp bleiben, denn es ist nicht beliebig vermehrbar – anders als die Fiatwährungen, die wir alle in unseren Geldbörsen mit uns herumtragen. Natürlich wird Tag für Tag in Bergwerken und Minen rund um den Globus neues Gold gefördert, doch in relativ kleiner Menge. Den aktuellen Schätzungen des World Gold Council zufolge steigt der Goldbestand jährlich um etwa zwei Prozent. Das ist insofern ein treffliches und günstiges Mengenwachstum, als viele Notenbanken in ihren Statuten eine Inflationsrate um zwei Prozent favorisieren –

und damit verbunden im Prinzip eine entsprechende Ausweitung der Geldmenge.[83] Demgegenüber wächst die Weltbevölkerung jährlich zurzeit um schätzungsweise 1,1 Prozent,
was etwa 75 Millionen Menschen entspricht. Das pro Kopf
der Weltbevölkerung rechnerisch verfügbare Gold steigt von
Jahr zu Jahr also nur minimal.

- Gold verdirbt nicht. Es schimmelt nicht. Es rostet auch nicht.
(Anders als Silber, das recht schnell stumpf wird und grau oder
schwarz anläuft, oder Kupfer, das sich grünlich verfärbt, schön
zu sehen an vielen Kirchtürmen und Hausdächern in Deutschland.) Es ist nahezu **unverwüstlich**. Man kann es vergraben,
im Ozean versenken, jahrelang – sogar jahrtausendelang – vergessen: Es wird einfach nicht schlecht oder unbrauchbar. Mit
ein bisschen Putzen und Polieren sehen Münzen, Barren oder
Schmuck in der Regel wieder wie neu aus.

- Selbst für Laien ist Gold relativ **einfach zu erkennen**. Während die meisten Metalle – selbst die edlen – für das mensch-
liche Auge silbrig, »weiß« oder gräulich aussehen, ist Gold in
seiner reinen Form eindeutig gelblich, »goldgelb« eben. Aufgrund der typischen Farbe ist die Verwechslungsgefahr gering.

- Es ist ein relativ weiches, **leicht zu bearbeitendes** Metall.
Das ist praktisch für Schmuck und Verzierungen. Sogenanntes Blattgold beispielsweise, das zur Vergoldung weniger ed-
ler Oberflächen verwendet wird, ist hauchdünn. Ein einziges
Gramm Gold lässt sich mit dem richtigen Know-how so weit

ausziehen und -dünnen, dass es am Ende als Blattgold ungefähr einen Quadratmeter bedeckt.

- Dank dieser Besonderheit ist Gold auch gut **teilbar**. Es lässt
  sich relativ einfach und kostengünstig in kleinere Einheiten
  aufteilen, indem man es einschmilzt und Münzen prägt oder
  Barren gießt. Wie praktisch das ist, zeigt ein Vergleich mit
  Edelsteinen: Ein hochkarätiger Diamant, Rubin oder Saphir
  erster Güte kann heute auf einer Auktion einen Verkaufspreis
  in zweistelliger Millionenhöhe erzielen, also eine ganze Menge Wert verkörpern. Teilen und in alltagstauglichere Portionen
  stückeln kann man ihn deswegen noch lange nicht.

- Gold ist denkbar einfach zu transportieren, zu Wasser, zu Lande und in der Luft – ist also ein **mobiler** Vermögenswert, mit
  dem sich reisen und in der Not flüchten lässt. Das ist mitunter eine praktische Eigenschaft, wie jeder bestätigen kann,
  der schon einmal versucht hat, seine Immobilie ins Ausland
  zu schaffen.

- Ein weiterer Unterschied zu Edelsteinen: Gold und andere
  Edelmetalle sind **fungibel**, also »austauschbar«. Das bedeutet, dass eine Unze Feingold in Form einer gängigen Münze
  oder eines Barrens praktisch so gut ist wie jede andere. Der
  Wert von zwei Diamanten desselben Gewichts kann sich dagegen massiv unterscheiden, weil jeder Edelstein ein Einzelstück ist.

- Gold ist **weltweit** bekannt und geschätzt und hat überall annähernd den gleichen Wert.[84] Es wird global als Zahlungsmittel akzeptiert oder lässt sich zumindest (gegen eine kleine Gebühr) in eine Währung tauschen, mit der sich einkaufen lässt.

- Da der Goldpreis (ausgedrückt in Euro) von Minute zu Minute schwankt – manchmal sogar erheblich –, sehen viele Bundesbürger das Edelmetall skeptisch. Die Volatilität ist ihnen zu anstrengend. Der nervöse Blick auf das kurzfristige Auf und Ab an den Finanzmärkten sollte allerdings nicht in Vergessenheit geraten lassen, dass Gold langfristig erstaunlich **wertbeständig** ist. Ein oft bemühter, aber heute noch trefflicher Vergleich zielt darauf ab, was man mit einem großen Goldstück – gemeint ist eine Münze von einer Unze, also 31,1 Gramm – kaufen kann. Zu Zeiten des Römischen Reichs gab es dafür ein zeitgenössisches Herrenoutfit guter Qualität, also Tunika (das Untergewand) und Toga (das Oberkleid). Noch heute bekommt man für den Gegenwert, aktuell etwa 1000 Euro, einen ziemlich vernünftigen Anzug samt Hemd, Gürtel und Krawatte. Eine andere Konstante besagt, dass man mit einer Feinunze Gold im Lauf der Geschichte stets etwa 350 Laibe Brot kaufen konnte, was auch heute noch ungefähr stimmt. Zugegeben: sehr grobe Rechnungen, und die Vergleiche hinken, wie alle Vergleiche. Aber das Prinzip – den langfristigen Kaufkrafterhalt – stellen sie treffend dar.

• Gold wird **niemals völlig wertlos** sein, also »auf null« fallen.

• Die genannten Punkte verdeutlichen große praktische Vorzüge, die Gold in sich vereint. Sie sind jedoch nachrangig im Vergleich mit dem wichtigsten Argument, das für physisches Gold spricht: Es birgt **kein Gegenparteirisiko**.

Um diese Eigenheit wertzuschätzen, muss man die Funktionsweise unseres heutigen Finanzsystems verstehen. Die wenigsten sind sich im Klaren darüber, was es eigentlich heißt, Geld auf ein Konto oder Sparbuch einzuzahlen, also »Geld auf der Bank« zu haben. Das hat natürlich jeder; es klingt völlig harmlos, banal. Doch wer ein Guthaben bei einer Bank oder Sparkasse hat, hat immer ein Gegenparteirisiko, ob es ihm klar ist oder nicht. Die Bank verspricht ihren Kunden, ihr Guthaben bei Bedarf bar auszuzahlen, und die Kunden glauben es, vertrauen also ihrem Institut. Solange es gut geht. Was passiert, wenn eine Bank nicht mehr zahlen kann, haben Zyprioten und Griechen in der jüngeren Vergangenheit erlebt. Schließt die Bank, kann das Geld ihrer Kunden ganz oder teilweise verloren sein, oder es ist vorübergehend (oft für einen längeren Zeitraum) nicht zugänglich. Das ist das Gegenparteirisiko, das praktisch alle Bankkunden weltweit eingehen. Ein Guthaben auf einem Konto – dabei spielt es keine Rolle, um welche Art von Konto es sich handelt – ist im Kern nicht viel mehr als Druckerschwärze auf einem Kontoauszug oder eine Zahl auf einem Computerbildschirm. Wir alle glauben an den inneren Wert dieser Guthaben, weil wir es schlicht so gewohnt sind. Dass Banken schließen und die

Ziffern eines Tages bedeutungslos werden können, glaubt man dagegen erst, wenn man es selbst erfahren hat – glücklicherweise natürlich, denn es ist durchaus wünschenswert, dass Finanzsysteme nicht alle paar Tage zusammenbrechen. Aber es ist eben eine Frage der Konvention, der Gewöhnung und Konditionierung. Wir vertrauen darauf, dass hinter den Ziffern echte Kaufkraft steht, einfach weil wir es seit Jahrzehnten tun. In den ersten Jahren des 20. Jahrhunderts war das in weiten Teilen Europas übrigens ganz ähnlich – also kurz vor dem Ersten Weltkrieg, einer verheerenden Grippe-Epidemie mit mehr als 25 Millionen Toten und Hyperinflationen in Deutschland, Österreich, Ungarn und weiteren Ländern, vor allem in Osteuropa.

Nicht anders ist es bei Bargeld, das wir im Portemonnaie mit uns führen. Wer Geldscheine und Münzen besitzt, setzt darauf, dass dieses Bare auch morgen und in ein paar Jahren noch annähernd so viel Kaufkraft wie heute haben wird. Meistens ist diese Annahme berechtigt, aber nicht immer. Insofern birgt selbst Bargeld ein Gegenparteirisiko: Die Gegenpartei ist der Staat, vertreten durch Regierung und Zentralbank. Jede Banknote ist de facto ein Schuldschein – nur ohne Zinsen und Laufzeitbegrenzung.

Regierungen haben es im Lauf der Geschichte immer wieder fertiggebracht, Geld zu schwächen und zu entwerten – allein in Deutschland im 20. Jahrhundert drei Mal.[85] Wie anfällig und zerbrechlich unser aktuelles Finanzsystem ist, hat die seit 2008 schwelende Krise uns allen vor Augen geführt. Der Zusammenbruch von Banken und Währungen ist keine theoretische Spinnerei von Panikmachern, sondern ein echtes Risiko.

Physisches Gold ist eine der wenigen Anlageformen, die kein Gegenparteirisiko aufweist, einfach weil es keine Gegenpartei gibt.[86] Es mag in seinem Wert, ausgedrückt beispielsweise in Euro oder Dollar, schwanken. Aber es kann nicht ausfallen und nicht pleitegehen. Insofern isoliert es das Vermögen seines Besitzers vom globalen Finanzsystem mit seinen Risiken und Turbulenzen. Selbst wenn Banken und Börsen schließen, ist Gold immer noch da – und mit großer Wahrscheinlichkeit gerade dann ziemlich gefragt.

- Gold ist keine perfekte, aber eine recht gute **Absicherung gegen Inflation**, also steigende Preise (beziehungsweise die *Erwartung* steigender Preise, in den Wirtschaftswissenschaften eine ähnlich wichtige Kennzahl). Hohe Inflationsraten liegen in Deutschland mehr als 30 Jahre zurück, sodass sich ein Großteil der Menschen nicht mehr an ein Umfeld rasch anziehender Verbraucherpreise erinnert. Sie haben Inflation nie persönlich erfahren, was ihnen die Angst vor Geldentwertung – trotz der immer noch vorhandenen kollektiven Erinnerung an die Hyperinflation von 1923 – nimmt.

Ein Blick nach Osteuropa zeigt aber, wie Gold Wert behält, wenn Inflation Währungen entwertet. In der zweiten Jahreshälfte 2014 gerieten der russische Rubel und die ukrainische Landeswährung Griwna (auch Hrywnja genannt) unter Druck, als die beiden Staaten einen eskalierenden Militärkonflikt austrugen, der bis heute nicht gelöst ist. Die Preise zogen an; Kapital zog ab; und beide Währungen verloren massiv an Wert zu großen Weltwährungen wie US-Dollar und Euro, die sicherer erschienen. Wer statt Rubel oder Griwna Gold besaß, kam hingegen relativ ungeschoren davon und konnte Vermögen und Kaufkraft im Großen und Ganzen erhalten.

- Selbst in Zeiten der **Deflation** kann Gold **finanzielle Katastrophen verhindern**. Gemeint ist damit eine lang anhaltende Phase fallender Preise. Der eine oder andere mag das auf Anhieb eher sympathisch finden, schließlich wird in einer Deflation vieles stetig billiger. Doch für die Wirtschaft insgesamt ist dies schlecht: Sie lahmt zunehmend, weil Unternehmen und Privathaushalte ihre Ausgaben in Erwartung weiter fallender Preise einschränken. Klar: Warum sollte man heute etwas erwerben, wenn man davon ausgeht, dass es morgen billiger zu haben ist? Ein berühmt-berüchtigtes Beispiel für eine Deflation ist die Weltwirtschaftskrise der 1930er-Jahre, im englischen Sprachraum als Great Depression (die Große Depression) bekannt. Gold kann selbst in so einer Wirtschaftsflaute ein »sicherer Hafen« sein. Denn bei negativer Inflation – nichts anderes ist Deflation – steigt der reale Wert von Schulden. In dem Maße, in dem Privathaushalte, Unternehmen, Banken und Staaten ihrer Zahlungsunfähigkeit entgegengehen, macht sich Krisenstimmung breit – bis hin zu Panik an den Finanzmärkten, die wiederum das Interesse an Gold steigen lässt.

- Insofern ist Gold ein Sachwert, der bei der **Diversifizierung** jedes kleinen oder großen Vermögens hilfreich ist und Verluste in Krisenzeiten abfedern kann. Gemeint ist mit diesem Begriff das Prinzip, Ersparnisse auf verschiedene Anlageklassen und Wertpapierarten zu verteilen, um das Gesamtrisiko für das Vermögen zu streuen und zu mindern. Wer bereits Geld in Immobilien (zum Beispiel ein Eigenheim), Anleihen (etwa über eine Kapitallebensversicherung) und Aktien (oder Aktienfonds) gesteckt hat, kann Gold also als Ergänzung nutzen und so sein Gesamtvermögen breiter und besser aufstellen.

- Gold ist **diskret**. Bis zum Gegenwert von 15 000 Euro kann man es in Deutschland zurzeit kaufen, ohne bei Bank oder Goldhändler seine Personalien hinterlegen zu müssen. (So sieht es jedenfalls das Gesetz vor. In der Praxis geht es mitunter etwas rigider und damit weniger diskret zu, insbesondere wenn Mitarbeiter von Finanzinstituten ihren Kunden Schwarzgeld oder andere unsaubere Geschäfte unterstellen.)

- Gold wird in **steuerlicher Hinsicht** vom Staat **günstig behandelt**. Beim Kauf oder Verkauf von Anlagegold – die meisten Barren und Münzen des Standardsortiments zählen hierzu – fällt keine Umsatzsteuer an, anders als bei den Edelmetallen Silber, Platin und Palladium. Ein Wertzuwachs ist nach einer Haltedauer von mehr als zwölf Monaten steuerfrei. (Mehr zu den Steuern in Kapitel 8.)

- Eine **Trendwende in der Strategie von Zentralbanken** in
  aller Welt legt nahe, dass Gold als Anlageklasse eine glänzende Zukunft haben könnte. Insbesondere in den 1990er-Jahren
  verloren zahlreiche Notenbanken ihr Interesse an Gold, das sie
  für obsolet hielten: in einem »modernen« Finanzsystem nicht
  mehr als letzte Sicherungsinstanz notwendig. Nimmt man alle
  Notenbanken der Welt zusammen, überwogen bis etwa 2010
  die Goldverkäufe. Seitdem kaufen sie unter dem Strich wieder Gold, stocken also ihre Bestände auf. Treibende Kraft sind
  dabei vor allem die Zentralbanken mehrerer Schwellenländer
  wie China, Russland und Kasachstan.

Exkurs: Bitcoins – eine Alternative?

Ähnlich wie Gold und andere Edelmetalle sind Bitcoins eine
Alternativwährung außerhalb des heutigen Fiatgeldsystems.
Allerdings existieren Bitcoins, anders als Goldmünzen und -bar-
ren, nicht physisch, sondern virtuell: Es handelt sich um eine
digitale Währung im Internet. Vorgestellt wurden Bitcoins am
31. Oktober 2008 vom mutmaßlich japanischen Softwarespezi-
alisten »Satoshi Nakamoto« – oder auch nicht, denn der Name
war ein Pseudonym. Wer der wirkliche Schöpfer der Bitcoins ist,
ist der Weltöffentlichkeit bis heute unbekannt.[87]

Der Begriff Bitcoins setzt sich dabei aus zwei Elementen zusammen. »Bit« ist eine Abkürzung des englischen Ausdrucks »**bi**-
nary dig**it**«, also der deutschen Binärziffer. Binärziffern drücken

alles Mögliche in Kombinationen von »0« und »1« aus und sind die mathematische Grundlage von Informationstechnologie und Datenverarbeitung. Die Zahl »4« lässt sich binär zum Beispiel als »0 1 0 0« ausdrücken, die »10« also »1 0 1 0«. »Coins« ist der englische Begriff für »Münzen«. Bitcoins sind gewissermaßen also **Datenmünzen**. Errechnet werden die Einheiten dieses virtuellen Gelds von Algorithmen auf Computern, was nicht nur eine hochkomplizierte Angelegenheit ist, sondern mit der Zeit – also mit der Schöpfung weiterer Bitcoins – auch noch immer komplizierter wird. Dieser Prozess der Geldschöpfung, der leistungsstarke Rechnersysteme erfordert, ist extrem langwierig, energieträchtig und daher auch nicht ganz billig. Am Ende des Verfahrens steht ein Code, den es gewissermaßen als Entlohnung für die Mühen der extrem aufwendigen Berechnung gibt. Dieser Code, der sich digital speichern lässt, ist so gut wie Geld. Mit ihm lässt sich online bei allen, die mitmachen und Bitcoins akzeptieren, einkaufen.

Praktisch geht das so: Wer mit Bitcoins bezahlen oder bezahlt werden möchte, nennen wir die beiden Parteien »Kunde« und »Website«, braucht eine digitale Geldbörse. Ein Programm auf Laptop, PC oder Smartphone erlaubt dem Kunden den Zugriff auf sein digitales Portemonnaie und das Bezahlen, der Website wiederum die Annahme von Bitcoins. Sämtliche Angaben über den Kunden, den Empfänger, den zu zahlenden Betrag und so weiter werden dabei verschlüsselt, um den Geldtransfer eindeutig und möglichst sicher zu machen.

Bitcoins sind eine ausgesprochen clevere Erfindung und weisen vier große **Vorteile** auf:

- Der Erfinder der digitalen Währung hat die eines Tages mögliche Anzahl der in Umlauf befindlichen Bitcoins von vornherein auf 21 Millionen begrenzt. Aus heutiger Sicht soll es noch viele Jahre dauern, bis der letzte Bitcoin generiert wird. Bis dahin steigt die Menge der verfügbaren Datenmünzen jährlich stetig, aber nur sehr langsam – was für Geld ideal ist. (Eine stetig, aber jährlich nur gering wachsende Geldmenge gilt unter orthodox-konservativen Notenbankern als ideal.) Die große Verlockung von Bitcoins liegt genau hier: Keine Notenbank der Welt kann die Anzahl von Bitcoins nach Belieben erhöhen, Geld also nach Gutdünken aus dem Nichts erschaffen und so eines Tages die Inflation anheizen. Genau dies haben alle großen Zentralbanken der Welt in den vergangenen Jahren im Zuge der Finanzkrise seit 2008 getan. Es gibt eben nur 21 Millionen rechnerisch mögliche Bitcoins. Anders ausgedrückt: Bitcoins sind **nicht inflationär**.

- Sie bilden eine **globale**, internationale, **staatenlose** Währung, die **unabhängig** von Regierungen und Notenbanken ist.

- Bitcoins lassen sich beliebig in andere Währungen **umtauschen**, also beispielsweise in Euro, US-Dollar, Schweizer Franken und so weiter.

- Sie ermöglichen **anonyme** Finanztransfers.

Zugegeben: gewichtige Vorzüge. Die weist indessen auch physisches Gold auf. Die Menge alles weltweit verfügbaren Golds steigt ebenfalls stetig und langsam; es ist also nicht inflationär und kann nicht beliebig von Zentralbanken vermehrt werden. Gold ist eine staatenlose Währung, die global akzeptiert wird, und es lässt sich jederzeit in andere Währungen umtauschen. Selbst anonyme Geschäfte sind mit Goldmünzen und -barren möglich. Was ist also die bessere Alternative zu den heutigen Papierwährungen: Bitcoins oder Gold?

Die Antwort lautet: Gold – aus mehreren Gründen. Bitcoins weisen so viele **Nachteile** auf, dass ihr Chance-Risiko-Profil auf absehbare Zeit unattraktiv erscheint.

- Ihre **Akzeptanz in der Bevölkerung** ist bislang übersichtlich. Wer Bitcoins nutzen will, braucht dafür Hardware (also Computer, Smartphone oder Ähnliches), Software (ein Programm, eine App), einen halbwegs belastbaren Internetzugang und ein gewisses Know-how in Sachen online. Milliarden Menschen auf Erden verfügen über diese Voraussetzungen nicht, und selbst viele von denjenigen, die IT-kompetent sind, sind mit Bitcoins überfordert. Wer über 60 ist und eine E-Mail schreiben kann, kann noch lange nicht mit Bitcoin-Code etwas in einem Webshop bezahlen – oder hat schlicht keine Lust, sich in dieses Thema einzuarbeiten. Wozu auch; schließlich kann man überall mit Kreditkarte, Bankkarte oder bar bezahlen. Nur ein winziger Teil der Weltbevölkerung vertraut heute Bitcoins – die Jungen, Cleveren, Technologieaffinen. Alles deutet darauf hin, dass ein erheblich größerer Anteil der Weltbevölkerung lieber Gold- als Datenmünzen besitzt.

- Zudem akzeptieren **nur wenige Unternehmen** Bitcoins. Dies sind vor allem technologisch führende Firmen, zum Beispiel Tesla Motors in Kalifornien (unter anderem bekannt für seine Elektroautos) und das Softwareunternehmen Microsoft aus Seattle im US-Bundesstaat Washington. Diese Offenheit für virtuelles Geld ist bislang die Ausnahme, nicht die Regel.

- **Staaten, Notenbanken, Finanzaufsichtsbehörden und Geschäftsbanken erkennen** Bitcoins mit wenigen Ausnahmen **nicht an**. Das Gegenteil ist der Fall: Sie lehnen diese Alternativwährung, deren Sinn und Zweck ja unter anderem darin liegt, das bestehenden Finanzsystem zu umgehen, entschieden ab. Geschäftsbanken – also auch die Banken, die sich um Privatkunden wie Sie und mich kümmern – weigern sich in der Regel, Bitcoin-Konten zu führen. Eine ganze Reihe von Staaten hat den Einsatz von Bitcoins sogar bereits eingeschränkt oder ganz verboten. Bislang deutet wenig darauf hin, dass sich diese skeptische Haltung der Regierenden bald ändern würde. Versuche, Bitcoins und andere digitale Alternativwährungen zu regulieren, sind unterdessen in Planung, beispielsweise in den USA, in Finanzfragen heute die wichtigste Nation.

- Vor diesem Hintergrund überrascht es nicht, dass Bitcoins **kein gesetzliches Zahlungsmittel** sind.

- Und sie sind mit nichts hinterlegt als dem **Vertrauen** der Nutzer – in ihre Computersysteme. Dies ist eine interessante

Parallele zu Fiatwährungen, die ebenfalls mit nichts als dem Vertrauen der Bürger hinterlegt sind, allerdings mit dem Vertrauen in ihre Zentralbanken.

• Die theoretisch mögliche Anzahl von 21 Millionen Bitcoins mag nach viel klingen. Doch angesichts der Weltwirtschaftleistung von zurzeit umgerechnet rund 70 Billionen Euro im Jahr – und erst recht angesichts der weltweit emittierten Geldmengen der Notenbanken im Umfang von zig Billionen – sind Bitcoins damit schlicht nicht für den Globaleinsatz ideal, also **nicht** in großem Stil **praxistauglich**. Es macht keine Freude, mit der sechsten oder achten Stelle hinterm Komma zu rechnen.

• Anonymität ist für einige Bitcoin-Nutzer ein großer Vorteil, die mit ihrer Hilfe **illegale Geschäfte** tätigen, beispielsweise Drogenhandel, Waffendeals oder Geldwäsche. Das schreckt naturgemäß viele potenzielle ehrbare Nutzer ab, die mit Schurken nicht in einen Topf geworfen werden wollen. Dies ist einer der Gründe, warum viele Banken Bitcoins bislang meiden. Sie sind nicht an mutmaßlich halbseidenen oder gar kriminellen Kunden interessiert, denn das könnte eines Tages kompliziert und sehr teuer werden, wenn die Finanzinstitute der Mitwisserschaft oder Beihilfe zu Straftaten oder Steuerhinterziehung bezichtigt werden.

• Bitcoins sind **unsicher**. Hacker haben in den vergangenen Jahren wiederholt Konten gekapert und Bitcoin-Geld gestohlen.

- Obgleich Bitcoins in reguläre Währungen umgetauscht werden können, es also Bitcoin-Wechselkurse gibt, schwanken diese Kurse außerordentlich stark und dürften das Nervenkostüm der meisten überstrapazieren. (An den Finanzmärkten spricht man von **hoher Volatilität**.) Im Sommer 2015 kostete ein Bitcoin beispielsweise ungefähr 200 Euro; weniger als zwei Jahre zuvor waren es aber schon einmal mehr als 800 Euro gewesen – viermal so viel. Derartige Sprünge machen den wenigsten Benutzern einer Währung Spaß.[88] Ein »Geld«, vor dessen extremen Wertschwankungen Nutzer Angst haben müssen, hat es erfahrungsgemäß schwer, sich als Zahlungs- oder Wertaufbewahrungsmittel durchzusetzen.

- Man kann keine neuen Edelmetalle erfinden, wohl aber **andere Digitalwährungen**, die mit Bitcoins in Konkurrenz treten können. Während die Zahl »echter« Währungen in der Praxis nicht höher als die Anzahl der Staaten auf der Erde liegen wird[89], kann es theoretisch unendlich viele Digitalwährungen geben. Das bedeutet: Es ist zwar nicht möglich, Bitcoins zu inflationieren – schließlich gibt es höchstens 21 Millionen Einheiten, Punkt. Aber es ist möglich, die Anzahl der alternativen Digitalwährungen zu inflationieren, und zwar beliebig.

Fazit: Digitalwährungen wie Bitcoins sind konzeptionell clever und interessant. Sie könnten eines Tages wichtig werden, sodass wir alle gut daran tun, sie nicht von unseren Radarschirmen zu verlieren. Was die praktische Seite der Geldanlage und des Vermögensmanagements angeht, spielen sie auf absehbare Zeit allerdings für fast niemanden eine Rolle und müssen dies auch nicht. Es gibt viele Dinge, um die sich Sparer in Deutschland zurzeit sorgen und kümmern sollten. Bitcoins gehören noch nicht dazu.

Risiken und Nebenwirkungen: Was gegen Gold spricht

Es gibt viele Argumente, die für Gold sprechen – siehe oben. Jeder, der aktiv private Altersvorsorge betreibt, sollte aus diesen Gründen einen Teil seines Geldes in physisches Edelmetall stecken. Aber es gibt auch gute Gründe, Gold gegenüber skeptisch zu sein. Diese Gegenargumente wiegen meines Erachtens die Vorzüge des Edelmetallbesitzes nicht auf. Man sollte sie allerdings verstehen und bei der individuellen Entscheidungsfindung berücksichtigen. Nichts ist perfekt, erst recht nicht bei der Geldanlage.

- Gold erzielt **keine Rendite**, anders als die meisten alternativen Anlageformen. Immobilien verdienen Geld in Form von Mieteinnahmen (oder eliminieren im Fall des Eigenheims zumindest die eigenen Zahlungen an einen Vermieter). Aktiengesellschaften schütten häufig Dividenden aus. Anleihen und Spareinlagen aller Art werfen Zinsen ab. Insofern muss man sich im Klaren darüber sein, dass der Besitz von Gold stets den Ausfall von Erträgen an anderer Stelle nach sich zieht. Der Goldbesitz bringt also sogenannte **Opportunitätskosten** mit sich, wie Wirtschaftswissenschaftler sagen würden. Wer sein Geld in Gold steckt anstatt in Aktien, Anleihen oder Immobilien, verzichtet auf die Rendite, die er mit anderen Anlageformen verdienen könnte. Dabei gilt: Je höher die Marktzinsen, umso größer ist die Differenz zur Nullrendite des Golds – und umso höher sind die Opportunitätskosten.[90]

Das ist ein ziemlich großer Nachteil, der nicht zuletzt höchst erfolgreiche Investoren wie Warren Buffett einen großen Bogen um das Edelmetall machen lässt (siehe unten). Allerdings spielt dieser Faktor seit einigen Jahren – und voraussichtlich noch auf Jahre hinaus – keine große Rolle. Die Zinsen auf Spareinlagen und Konten aller Art sind in Deutschland und weiten Teilen der westlichen Welt im Zuge der Finanzkrise gen null gefallen. Nominal wohlgemerkt; real, also unter Berücksichtigung der Inflation, sind sie negativ – liegen also deutlich *unter* der Nullverzinsung des Goldes. Damit ist der Renditeverzicht, den Gold mit sich bringt, zurzeit nicht abschreckend. Das wird so lange so bleiben, wie Notenbanken, in unserem Fall die Europäische Zentralbank, ihre historisch beispiellose Politik der Niedrigzinsen beibehalten.[91]

- In Phasen **steigender Zinsen** kann Gold tendenziell schlecht abschneiden – schließlich werden alternative Anlageformen dank der höheren Verzinsung attraktiver, während Gold keine Rendite erzielt. Allerdings sollte man diesen Punkt nicht überbewerten. In den 1970er-Jahren beispielsweise stiegen sowohl die Zinsen als auch der Goldpreis.

• Gold kann, nicht anders als Bargeld, **gestohlen** werden. Bei Geld, das auf einem Konto liegt, hat es ein Dieb schon schwerer. Von Aktien- oder Immobiliendiebstahl habe ich noch nie gehört.

• Wer Gold besitzt, muss Zeit und Geld in dessen **Lagerung** investieren (Kapitel 6).

• Die meisten Anlageformen kosten an der einen oder anderen Stelle Geld, wenn man sie nutzt – mit wenigen Ausnahmen wie Spar- oder Girokonten bei kundenfreundlichen Banken. Bei Fonds aller Art fallen **Gebühren** in Form von Ausgabeaufschlägen und Managementprovisionen an. Wer eine Immobilie erwirbt, zahlt in der Regel hohe Nebenkosten (für Grunderwerbsteuer, Notar, Grundbuch, Makler) von mehr als zehn Prozent. Beim Handel mit Aktien oder börsennotierten Fonds, sogenannten ETFs (Exchange-Traded Funds), fallen Bank- oder Börsengebühren an. Auch beim Goldkauf und -verkauf ist das so. Die Gebühren verstecken sich im **Spread** (Kapitel 6).

• Gold kann, wie fast jede andere Anlage, drastisch an **Wert verlieren**. Gemeint ist damit: ausgedrückt in Euro, Dollar oder anderen Papierwährungen an Wert verlieren. (Ausgedrückt in Goldeinheiten bleibt natürlich alles beim Alten: Ein Gramm

Gold ist immer noch genau ein Gramm Gold, egal, wie viele Euro oder Dollars es gerade dafür gibt.)

- Selbst in Zeiten akuter Finanzkrisen kann Gold **als Absiche-rungsinstrument versagen** (siehe Kapitel 2: Der unsichere Hafen). Dies ist ein besonders wichtiger Punkt, über den sich viele Goldliebhaber nicht immer im Klaren sind, der in meiner Wahrnehmung auch in der Edelmetallbranche und in den Wirtschafts- und Finanzmedien nur unzureichend diskutiert wird. Mehrere Beispiele dafür, dass der Goldpreis selbst in finanzsystemischen Krisen *fallen* kann, haben die vergangenen Jahre geliefert.

  Im April 2013 stand beispielsweise das Eurozonenmitglied **Zypern** finanziell am Abgrund. Es drohte der Austritt aus der Eurozone, also eine Auflösung der Währungsunion. Kontoinhaber wurden enteignet und so an den Kosten des Desasters direkt beteiligt. Anstatt, wie man in diesem Umfeld politischer und wirtschaftlicher Unsicherheit erwarten sollte, drastisch im Wert zu steigen, *fiel* der Goldkurs – und zwar gleich um abenteuerliche 200 US-Dollar je Unze binnen weniger Tage. Große Mengen Papiergold wurden damals in den Markt gedrückt und ließen den Edelmetallpreis einbrechen.

  Ein ähnliches Muster war im Sommer 2015 zu beobachten, als **Griechenland** erneut de facto zahlungsunfähig wurde und die Eurozone ihre jüngste Währungskrise erlebte. Im Juli schlossen die Banken für drei Wochen ihre Türen, strikte Kapitalkontrollen wurden eingeführt. Als die Finanzinstitute schließlich wieder öffneten – ein Ereignis, das für ein

Finanzsystem und die verantwortliche Notenbank mit größter Nervosität einhergeht –, brach der Goldpreis im frühen, ruhigen Morgenhandel massiv ein, als binnen weniger Sekunden Gold für 2,7 Milliarden Dollar in den Markt gedrückt wurde.

Einige Jahre zuvor, 2008, war die US-Investmentbank **Lehman Brothers** pleitegegangen und hatte die schwerste Finanzkrise seit den 1930er-Jahren dramatisch beschleunigt. Man sollte meinen, dass in so einem Umfeld der Goldpreis durch die Decke gehen würde. Doch weit gefehlt. Im Herbst 2008 versiegte praktisch über Nacht die Liquidität im Finanzsystem, gewissermaßen das Blut, das den Organismus aus Banken, Unternehmen und Haushalten versorgt. Insbesondere Banken und andere Finanzinstitute sahen sich gezwungen, all das in großem Stil zu liquidieren (»flüssig zu machen«), was gerade liquidierbar war. Auch große Goldpositionen zählten dazu und wurden zum Verkauf gestellt, also auf den Markt geworfen. Der Goldpreis stieg in dieser Zeit nicht, sondern brach massiv ein – für viele überraschend. Drei Jahre später, 2011, erreichte Gold dann allerdings sein bisheriges Rekordhoch.

- Es ist nicht auszuschließen, dass Regierungen eines Tages – beispielsweise in Zuge einer Währungsreform nach einer verheerenden Finanz- und Bankenkrise – den **Privatbesitz** von Gold **verbieten**. Das ist natürlich besonders für jene unerfreulich, die mit dem Kauf von Gold gerade einen Ausweg aus einem instabilen, ihrer Meinung nach wenig zukunftsfähigen Finanzsystem gesucht hatten. Eine solche Maßnah-

me klingt im Jahr 2016 für viele etwas schräg. In Krisenzeiten kommt es aber immer wieder dazu, sogar ziemlich
häufig – nicht zuletzt, weil das Einziehen von Gold für den
Staat rechtlich und logistisch einfach ist. Und natürlich lukrativ. (Mehr zu diesem wichtigen Thema am Ende dieses
Kapitels.)

- Zu guter Letzt ist Gold **nicht besonders umweltfreundlich** –
vorsichtig ausgedrückt. Der Abbau von Golderz und die Produktion von Roh- und schließlich Feingold belasten die Um-
welt extrem. Zum einen wird viel Energie verbraucht. Zum
anderen wird das in Golderz in winzigen Spuren enthaltene
Edelmetall mit Chemikalien herausgelöst, die extrem gefähr-
lich, giftig und schädlich für Flora und Fauna sind. Lange
kam dabei Quecksilber zum Einsatz. Heute wird überwiegend
Cyanidlauge verwendet. Cyanide sind Salze der außerordentlich giftigen Blausäure.

Die Risiken im Umgang mit **diesen gefährlichen Chemikalien** können Goldminenbetreiber minimieren, aber nie eliminieren. Der eine oder andere wird sich noch an den Bruch
eines Damms im Januar 2000 im rumänischen Baia Mare erinnern. Dieser Damm sollte ein Sammelbecken einer Gold-
fertigung sichern. Als er brach, ergoss sich ein tödlicher Gift-
cocktail in die umliegenden Bäche und Flüsse und von dort
in die Theiß, die Donau und schließlich ins Schwarze Meer.
Millionen Fische und andere Tiere starben. Auch in ausge-
laugten Golderzen ist alles reichlich vorhanden, was ätzend,
giftig oder beides ist: von Quecksilber über Blei und Arsen

hin zu Kadmium. Früher oder später gelangen sie ins Grundwasser und werden von Pflanzen, Tieren und Menschen aufgenommen.

Kurz: Wer versucht, nachhaltig umweltbewusst zu leben, sich aus ethischen Gründen vielleicht sogar vegetarisch oder vegan ernährt, dürfte beim Stichwort Goldanlagen ein gewisses Unbehagen verspüren. Verständlich.

Warren Buffett warnt

Warren Buffett, 1930 in Omaha im US-Bundesbundesstaat Nebraska geboren und noch immer dort sesshaft, ist einer der erfolgreichsten Investoren aller Zeiten. Er ging in jungen Jahren bei Benjamin Graham, dem Altmeister des Value-Investierens[92], in die Lehre und in den 1950er-Jahren mit eigenen Anlagegesellschaften an den Start. In den 1960er-Jahren kaufte er ein in Schwierigkeiten geratenes Textilunternehmen in Neuengland namens **Berkshire Hathaway**. Das Textilgeschäft sollte nie wieder so recht florieren, und Buffett stellte es nach vielen frustrierenden Jahren ein. Der Name des Unternehmens, heute eines der größten der Welt, überlebte allerdings.

Buffett, noch heute Chef von Berkshire und einer der reichsten Menschen der Welt, ist nicht nur eine Koryphäe, sondern Kult, wie die alljährlich in Omaha abgehaltenen Hauptversammlungen des Unternehmens mit Zehntausenden Teilnehmern zeigen. Insofern ist es alles andere als originell, Buffett und die

Berkshire-Aktie zu mögen.[93] Berkshire ist seit Jahrzehnten ein durch und durch wahrhaftiges, nachhaltig geführtes und sympathisches Unternehmen – vielleicht die beeindruckendste Firma der Wirtschaftsgeschichte. Es ist ein (lukratives) Vergnügen, bei dieser Veranstaltung mit von der Partie zu sein. Buffett und sein Kompagnon Charlie Munger, Jahrgang 1924, sind blitzgescheit, liefern meist glänzende Zahlen ab, nehmen sich selbst bei allen Erfolgen nicht allzu ernst und haben keine Probleme damit, Fehlentscheidungen einzugestehen. Der durchschnittliche Wertzuwachs, den Buffett im vergangenen halben Jahrhundert für Berkshire erzielt hat, liegt bei mehr als 19 Prozent[94] – im Jahr, versteht sich. Ein ziemlich toller Typ.

Nur hat ausgerechnet Buffett nie ein Geheimnis daraus gemacht, dass er von **Gold** als Anlageform wenig bis nichts hält. Er sagt das öfter und öffentlich, zum Beispiel so: »Gold [...] hat zwei wichtige Defizite, weil es weder besonders praktisch ist noch sich vermehrt. Sicher: Gold kann für die Industrie und als Schmuck nützlich sein, aber die Nachfrage aus diesen Bereichen ist nicht nur begrenzt, sie reicht auch nicht aus, um die Neuproduktion aufzusaugen. Und wenn Sie eine Unze Gold bis in alle Ewigkeit halten, haben Sie am Ende immer noch eine Unze.«[95]

Die Frage liegt auf der Hand: Wenn sich der große Warren Buffett *gegen* Gold stellt, kann dann irgendetwas *für* Gold sprechen? Macht es Sinn, über den Erwerb von Gold nachzudenken (und gar ein Buch darüber zu lesen – und zu schreiben), wenn der als »Orakel von Omaha« berühmte Anlageguru erklärt, das alles sei Blödsinn, ein Irrweg?

Ich fürchte ja, aus mehreren Gründen.

Buffets Abneigung gegenüber Gold ist eine Antwort auf die Frage, was langfristig – also über Jahrzehnte – die ertragreichere Anlageform sei, **Gold oder Aktien.** Selbstverständlich sind Unternehmensbeteiligungen für den Aufbau und die Mehrung von Vermögen dafür nicht nur geeigneter, sondern geradezu ideal. Das ist Buffets entscheidender Punkt: Sofern man auf die richtigen Unternehmen beziehungsweise deren Aktien setzt, erzielen diese Jahr für Jahr erfreuliche Kapitalrenditen und machen ihre Anteileigner reich oder zumindest reicher. Aktien sind für jeden, der privat Altersvorsorge und langfristigen Vermögensaufbau betreibt, ein wichtiger Baustein – vermutlich der wichtigste von allen. Auch und gerade die Berkshire-Hathaway-Aktie selbst, die einen Korb von mehr als 100 Tochterunternehmen und Beteiligungen umfasst, ist hierfür geeignet, ungeachtet des hohen Alters der beiden Firmenchefs Buffet, 85, und Charlie Munger, 92. Ein Aktiendepot ohne Berkshire Hathaway ist möglich, aber irgendwie sinnlos.[96] Wie dürfte die Wahrscheinlichkeit ausfallen, dass man es besser kann als die beiden Senioren aus Nebraska? Nicht besonders hoch. Obgleich Aktien für das eigene Depot fraglos wichtiger sind als Gold, heißt das aber keineswegs, dass man überhaupt kein Gold besitzen sollte. Das eine (Aktien) schließt das andere (Gold) nicht grundsätzlich aus.

Auch in einem zweiten Punkt hat Buffet recht, zumindest auf den ersten Blick: Eine Unze Gold bleibt eine Unze Gold, und zwar bis in alle Ewigkeit, denn sie vermehrt sich nicht. Logisch und richtig – aber mit einer wichtigen Einschränkung. Noch 1973, vor wenig mehr als 40 Jahren, war diese Goldunze keine 50 US-Dollar wert; heute sind es etwa 1150 Dollar. Die Anschlussfrage muss also lauten, was eigentlich beim Blick in die Ewigkeit aus Fiatgeld wie Dollar und Euro wird. Allein im Lauf von Buffetts zweiter Lebenshälfte hat der Dollar in Relation zum Gold einen Großteil seiner Kaufkraft verloren. Gold ist also kein starkes *Investment* – da hat Buffett völlig recht –, aber es ist sehr wohl eine starke *Währung*. Möglicherweise sogar die stärkste von allen, da es die Kaufkraft besser bewahrt als jede der heute existierenden Fiatwährungen. Buffett ist außerordentlich gut darin, in die richtigen, dauerhaft erfolgreichen Unternehmen zu investieren. Bei allem Respekt könnte es aber sein, dass er mit den vergangenen 250 Jahren der Weltwirtschaftsgeschichte und ihren zahllosen Währungszusammenbrüchen weniger gut vertraut ist.

Drittens: Als Chef von Berkshire, einer der größten Firmen der Welt, hat Buffett stets großen Wert darauf gelegt, flüssig zu bleiben. Aktuell ist seine Ansage, dass das Unternehmen, zu dem unter anderem eine der größten Versicherungsgruppen der Welt zählt, jederzeit 20 Milliarden US-Dollar in bar auf der Seite liegen haben müsse, um selbst größte unvorhergesehene Krisen problemlos meistern zu können. Eine Menge Liquidität also. Allein aufgrund der Dimensionen, in denen Buffett denkt und denken muss, wäre Gold nicht praktikabel. Sollte ein Notfall auftreten oder Berkshire ein weiteres Unternehmen kaufen, müssen kurzfristig eben zehn, 20 oder noch mehr Milliarden her. Die dann mit dem Verkauf von Gold zu erlösen, wäre verheerend (der Goldpreis würde einbrechen) und nicht praktikabel. Bei Privatleuten wie Ihnen und mir sieht die **Anlagewirk-**

lichkeit dagegen völlig anders aus: Wir haben und brauchen keine liquiden 20 Milliarden Dollar, und wir übernehmen eher selten Konzerne.

Viertens ändert Buffett, wie jeder andere gute Investor, gelegentlich seine Meinung, wenn sich die Faktenlage ändert. In den späten 1990er-Jahren – das ist keine 20 Jahre her – war er Edelmetall gegenüber durchaus offen. Er besaß zwischenzeitlich 129,7 Millionen Unzen Silber[97], mehr als **4000 Tonnen**.

Fazit: Aktien dienen in erster Linie der Erhaltung und Mehrung des Vermögens und sind dafür generell besser geeignet als Gold – und viel besser als Cash, also Bargeld oder Kontoguthaben. Wer privat Altersvorsorge betreibt und dabei Aktien ausklammert (direkt oder indirekt über Fonds oder ETFs), begeht einen der größten Fehler, die man als Anleger machen kann. Gold wiederum dient in erster Linie der Erhaltung der Kaufkraft des Vermögens und ist dafür ebenfalls besser geeignet als Bargeld oder Standardkonto. Wer größere Beträge oder gar einen Großteil seiner Ersparnisse zu Null- oder Niedrigzinsen auf vermeintlich risikolosen Konten liegen lässt, wird Jahr für Jahr enteignet und ist auf dem direkten Weg in die risikolose Verarmung. Insofern ist der gleichzeitige Besitz von Aktien und Gold für die meisten Privatanleger in Deutschland, die in anderen Dimensionen denken als Buffett, durchaus vernünftig.

Immerhin gibt es viele Finanzexperten, die ähnlich berühmt sind wie die Ikone aus Omaha und die Gold dennoch etwas abgewinnen können.

- **Alan Greenspan** beispielsweise, von 1987 bis 2006 Chef der US-Notenbank Fed, ist für viele Börsianer ein Held (und für andere einer der Hauptverantwortlichen für die Finanzdisaster, Spekulationsblasen und Schuldenkrisen der vergangenen Jahrzehnte).[98] Egal, was man von ihm hält: Greenspan ist ein blitzgescheiter Mann der Finanzwirtschaft. »Gold«, sagte ausgerechnet der ehemalige Fed-Chef im Herbst 2014, »ist noch immer, nach allem, was wir wissen, die führende Währung. Keine Fiatwährung kann mit ihm mithalten, auch nicht der Dollar.«[99]

- »Es ist unvernünftig, kein Gold zu besitzen«, sagt der Hedgefondsmanager **Ray Dalio**, Gründer der amerikanischen Anlagegesellschaft Bridgewater Associates und ebenfalls Multimilliardär. »Es gibt keinen vernünftigen Grund [für diese Haltung], außer Sie kennen die Geschichte nicht und Sie verstehen deren wirschaftliche Seite nicht.« Dalio glaubt, dass Buffett, was Gold angeht, »einen großen Fehler begeht«.[100]

- Ein dritter Goldverfechter ist ausgerechnet ein anderer Buffett: »Soweit es sich mir erschließt, haben Papiergeldsysteme immer im Zusammenbruch und in wirtschaftlichem Chaos geendet. […] Wenn die Freiheit der Menschen in Amerika überleben soll, müssen wir die Schlacht um die Wiederherstellung ehrlichen Gelds gewinnen. Das ist die größte Herausforderung, der wir uns stellen müssen.«[101] So sprach **Howard Buffett**, Vater von Warren, der seinen Heimatstaat Nebraska in den 1940er- und 1950er-Jahren als Abgeordneter im US-Repräsentantenhaus vertrat. Das Zitat ist heute noch aktuell. Warren Buffett selbst, der einmal jährlich einen ebenso kurzweiligen wie informativen Brief an seine Aktionäre verfasst, formulierte eine seiner Börsenweisheiten noch 2010 so: »Wenn es Gold regnet, muss man einen Eimer aufhalten, keinen Fingerhut.«[102] Er meinte damit, dass man bei günstigen Aktienkursen, etwa nach einer scharfen Korrektur an den Finanzmärkten, nicht kleinmütig sein dürfe, sondern in großem Stil zugreifen solle. In seiner Metapher regnete es pikanterweise »Gold«, nicht »Geld«.

Warum Staaten Gold verbieten könnten

Möglichkeiten der finanziellen Repression

Regierungen können, wenn sie dies für richtig halten, jederzeit den privaten Goldbesitz unterbinden. Schließlich erlassen sie, ob demokratisch legitimiert oder nicht, Gesetze und Anordnungen nach Gutdünken – und zwar solche, die für alle Bürger verbindlich sind, ob sie sie nun für richtig halten oder nicht. Für all diejenigen, die Gold besitzen oder über einen Kauf nachdenken, ist dies ein wichtiger Punkt, den sie bei ihrer Disposition unbedingt im Hinterkopf behalten müssen. Wenn Gold, wie viele glauben, eine Art Versicherung gegen die Toll- und Torheiten von Regierungen und Notenbanken ist, dann ist ein Goldverbot ein politischer Akt, der diese Methode der Absicherung ausschließt – und umsichtige Bürger, die ihr Vermögen damit schützen wollen, in die Illegalität treibt.

Die gesetzlichen Instrumente, mit deren Hilfe Staaten den Privatbesitz von Gold und anderen Edelmetallen erschweren und einschränken können, sind vielfältig. Naheliegend ist für Deutschland beispielsweise die Einführung einer **Umsatzsteuer** (auch Mehrwertsteuer genannt) auf Anlagegold, also auf Münzen und Barren – so, wie sie in der Bundesrepublik bei den Edelmetallen Silber, Platin und Palladium bereits zur Anwendung kommt. Dieser Schritt würde das Interesse an Gold tendenziell senken, weil er das Metall für Anleger teurer und damit weniger attraktiv macht.

Für manche (insbesondere die Nichtgoldbesitzer) klingen solche Maßnahmen undenkbar, bizarr und irrelevant: Könne man ja gern machen, so der Tenor, das träfe ohnehin nur »die Reichen« und gehe sie nichts an. Solche gesetzlichen Eingriffe wären allerdings lediglich ergänzende Instrumente, mit denen Regierungen ihre Bürger gängeln. Denn wir leben schon seit mehreren Jahren, ohne dass dies allen Deutschen bewusst geworden wäre, in einer Ära der **finanziellen Repression**[103]. Gemeint ist damit, dass der Staat – hoch verschuldet, aber verfassungsgemäß mit hoher Machtfülle ausgestattet – die Vermögen seiner Bürger gezielt entwertet. Dies geschieht oft, ohne dass die Menschen es merken würden.

Zurzeit herrscht, immerhin das ist vielen Sparern mittlerweile klar geworden, akuter **Anlagenotstand**. Ob Staatsanleihen,

Kapitallebensversicherungen, Bausparverträge, Tages- und Festgeldkonten oder Sparbücher – all diese zuvor jahrzehntelang bewährten Klassiker der privaten Altersvorsorge in Deutschland werfen seit der jüngsten Finanzkrise nominal nur noch extrem niedrige Renditen ab, unter Einrechnung der Inflation (real) oft sogar negative. Sie sind für jeden mit gesundem Menschenverstand Ausgestatteten uninteressant geworden, schließlich erwirtschaften sie lediglich einen verschwindend kleinen Ertrag oder vernichten sogar Vermögen, Jahr für Jahr.

Immobilien in Deutschland sind in den vergangenen zehn Jahren wiederum teuer geworden. Viele zögern angesichts der Preissprünge insbesondere in den Großstädten, noch in den Markt für Häuser, Wohnungen oder Gewerbeimmobilien einzusteigen. Auch die wichtigen Aktienindizes der westlichen Welt stiegen jahrelang. Viele Investoren, engagierte wie potenzielle, ahnen eine weitere Anlageblase. Andere halten Aktien, also Beteiligungen an Unternehmen, generell für undurchsichtig, dubios und spekulativ – und damit für uninteressant. Wer so denkt – ich würde sagen, dass diese Haltung auf einen Großteil der Bundesbürger zutrifft –, hat aktuell ein Problem. Er weiß nicht, wohin mit seinem Geld, und lässt es oft dort liegen, wo es mehr oder weniger zufällig gerade gelandet ist: nicht selten auf irgendwelchen Konten, die vermeintlich sicher sind. Im Zeitalter der finanziellen Repression durch den Staat und des Anlagenotstands ist an ihnen allerdings nur sicher, dass sie die Kaufkraft des dort geparkten Vermögens garantiert schwinden lassen. Es gibt keine risikofreie Anlage mehr.

Die **private Altersvorsorge** – von deutschen Regierungen

aller politischen Richtungen jahrzehntelang als dringend notwendig beschrieben, beworben und staatlich gefördert[104] – ist im Nullzinsumfeld für die große Mehrheit extrem schwierig geworden. Das Ersparte rentiert einfach nicht mehr und macht den über längere Zeiträume entscheidenden Zinseszinseffekt – einmal verdiente Zinsen werfen im nächsten Jahr wiederum Zinsen ab und lassen so die Erträge stetig steigen – zunichte. In dem Maße, in dem Niedrigzinsen die Altersvorsorge erschweren oder gar unmöglich machen und von Regierungen und Notenbanken, die sie herbeigeführt haben, geduldet werden, sind sie ein Instrument der finanziellen Repression. Daneben gibt es weitere Instrumente, derer sich Staaten bedienen können, um den finanzielle Spielraum ihrer Bürger einzuschränken. Kapitalverkehrskontrollen und Abhebungsbeschränken gehören dazu, wie sie beispielsweise die Eurozonenmitglieder Zypern (2013) und Griechenland (2015) erlebten. Zwangsanleihen und direkte Vermögensabgaben sind ebenso möglich.

Der Staat greift ein:
Kein Gold mehr in Privatbesitz

Auch das **Verbot des Privatbesitzes von Gold** ist ein Instrument der finanziellen Repression. Dass so etwas überhaupt möglich sein soll, leuchtet vielen nicht ein. Es wäre ein Eingriff in das Grundrecht auf Eigentum, undenkbar in einer Demokratie. Das ist naiv. Politiker sind ernst zu nehmende Gegner – erst recht in Finanzkrisen, wenn Staatspleiten drohen. In mancher Beziehung sind Regierungen sogar viel gefährlicher als Einbrecher und Diebe, denn sie klauen legal, weil sie ihre Gesetze selbst machen können.

Im Kern geht es bei einem Goldverbot darum, dass Bürger ihre Münzen und Barren beim Staat gegen Entschädigung abzuliefern haben – in der Regel an Banken, die im Auftrag der Regierung die Konfiszierung koordinieren. Die Entschädigung wird in der Landeswährung ausgezahlt, also in einer Papier- oder Fiatwährung, die viele Goldbesitzer mit dem Kauf von Edelmetall gerade umgehen wollten. Sie werden vom Staat also zurück in ein ungedecktes, rein vertrauenbasiertes Finanzsystem gedrängt. Das Umtauschverhältnis wird dabei vom Staat willkürlich festgelegt, sodass die Einlieferung von Gold ein sehr gutes Geschäft für die Regierung sein kann und ein entsprechend schlechtes für die betroffenen Bürger.

Historische Beispiele zeigen, dass neben Gold auch andere Edelmetalle wie **Silber** und **Platin** betroffen sein können. Das ist im 21. Jahrhundert allerdings insofern weniger wahrscheinlich, als sowohl Silber als auch Platin wichtige Industriemetalle sind und es insbesondere von Silber einfach sehr, sehr viel gibt.

Goldschmuck (mit ideellem Wert) und Münzsammlungen (kulturgeschichtlich bedeutend) sind bei einem Goldverbot typischerweise ausgenommen. Manchmal räumt der Staat freundlicherweise einen kleinen Freibetrag ein – zum Beispiel derart, dass jeder Bürger weiterhin 100 Gramm Anlagegold besitzen darf, aber nicht mehr.

Das Stichwort Goldverbot ist in Deutschland in den vergangenen Jahrzehnten nie öffentlich aufgekommen. Insofern könnte man vordergründig schlussfolgern, dass es schlicht kein Thema und ein irrelevantes Konzept sei. Das ist aber nicht der Fall – genauso wenig, wie zum Beispiel Bank Runs (ein Massenansturm von Kunden auf ihre Bankguthaben) oder Kapitalkontrollen (wie jüngst in den Eurozonenländern Zypern und Griechenland) irrelevant sind, nur weil sie glücklicherweise selten vorkommen. Sie sind stets Symptom einer Krise, nie deren Auslöser.

Auch ein Goldverbot wird meist erst dann Thema in der Politik, wenn eine Finanzkrise wütet und ein Staat Kapital braucht, wobei hier mit »Kapital« echte Vermögenswerte gemeint sind, nicht lausiges Papiergeld. In dem Maße, in dem Haushalte und Staatsbürger der eigenen Währung nicht mehr trauen, weichen sie auf Alternativen wie Edelmetalle, digitale Währungen und Sachwerte aller Art aus. Viele kaufen in so einer Situation – zu beobachten war dies etwa Ende 2014 während der Rubelkrise in Russland – Gebrauchsgüter wie Kühlschränke oder Autos. Sie geben das Geld also lieber für eigentlich nicht Benötigtes aus (das wahrscheinlich einen gewissen Wert behalten wird), als es auf dem Konto oder in der Geldbörse zu lassen (wo es wahrscheinlich entwertet wird). Je stärker der Fluchtdrang der Bürger aus der Währung wird, umso größer wird der Anreiz für Regierungen, Gold zu verbieten – und dies dann mutmaßlich als »alternativlos«[105] zu verkaufen. Der Staat zwingt seine Bürger mit einem Goldverbot aus einem realen in einen nominalen Vermögenswert, also ins schlechtere, weniger werthaltige Fiatgeld. Besonders verlockend ist dieser Vorgang natürlich für hoffnungslos überschuldete Staaten. »Beim Fehlen eines Goldstandards ist es unmöglich, Ersparnisse vor der Konfiszierung durch Inflation zu schützen«, schrieb Ex-Fed-Chef Alan Greenspan. »Es gibt kei-

nen sicheren Aufbewahrungsort für Vermögenswerte. Gäbe es
ihn, müsste die Regierung ihn für illegal erklären, so, wie sie es
im Fall von Gold getan hat.«[106]

Goldverbote in der Weltgeschichte

Dass die Wirtschaftsgeschichte durchsetzt ist von Phasen des
Goldverbots, ist heute wenig bekannt. Verbote galten in Altägyp-
ten, in Sparta, im Römischen Reich und im 13. Jahrhundert in
China unter dem Mongolenherrscher Kublai Khan. Im 18. Jahrhundert folgte Frankreich, damals Großmacht Europas – einmal
in den 1720er-Jahren, ein zweites Mal in den Wirren der Revolution in den 1790er-Jahren.

Das bis heute bekannteste und lehrreichste Goldverbot wurde jedoch erst im 20. Jahrhundert verhängt: zum **1. Mai 1933**
in den **Vereinigten Staaten**, die in den Strudel der Großen Depression geraten waren. Präsident Franklin Delano Roosevelt
legte per Erlass[107] fest, dass Amerikaner ab sofort nur noch physisches Gold im Gegenwert von weniger als 100 Dollar besitzen
durften, was damals weniger als fünf Unzen entsprach.[108] Alles,
was darüber hinausging, hatten US-Bürger an den Staat abzuliefern, also Goldmünzen, Barren und mit physischem Gold besicherte Wertpapiere. Im Gegenzug erhielten sie 20,67 US-Dollar je Unze, was der offizielle Wechselkurs war und ein denkbar
schlechtes Geschäft. Nachdem die Regierung einen Großteil des
Golds in Privatbesitz eingesammelt hatte, passte sie den Goldkurs am 31. Januar 1934 auf 35 Dollar je Unze an. Wer sein
Gold als redlicher Staatsbürger brav abgegeben hatte, machte

also einen Riesenverlust. Wer sich der Anordnung widersetzte und sein Gold nicht abgab, sondern »hortete«, wurde mit der Androhung einer Gefängnisstrafe von bis zu zehn Jahren und einer Geldstrafe von 10 000 Dollar – nach heutiger Kaufkraft etwa 180 000 Dollar[109] – zu Gesetzestreue motiviert. Wer von Gold auf Silber auswich, wurde ebenfalls in die Schranken gewiesen: Der Privatbesitz von Silber wurde in den USA im Februar 1937 verboten.[110]

Anders gesagt: Die US-Regierung enteignete jene Bürger, die Gold besaßen, in voller Absicht und brachte sie um ihre Ersparnisse. Dennoch regten sich damals relativ wenige Leute über dieses Vorgehen auf. Goldbesitz war Anfang der 1930er-Jahre unter Amerikanern nicht allzu weitverbreitet, und viele händigten es – Präsidentenerlass hin oder her – nicht aus, sondern praktizierten eine Art zivilen Ungehorsams. Das machte durchaus Sinn. Denn wird irgendetwas vom Staat verboten – sei es Alkohol wie in den 1920er-Jahren in den USA, Drogen oder pornografisches Material –, entsteht in der Regel ein Schwarzmarkt. Der ist zwar illegal, aber dennoch ein funktionierender Markt mit Preisen, die sich aus Angebot und Nachfrage ergeben.

Wer heute auf Gold setzt, sollte nicht vergessen, wie folgen- und verlustreich ein Verbot des Edelmetalls für ihn sein kann – selbst in wirtschaftlich liberalen, politisch stabilen Demokratien. Das Goldverbot in Amerika wurde unter Androhung happiger Strafen durchgesetzt. Wer nun denkt, dass doch niemand wisse, dass er Goldbarren im Bankschließfach habe, und er trotz Verbots auf der sicheren Seite stehe, sollte aus der Geschichte lernen. In den USA durften Bankschließfächer damals bei Verdacht auf

Goldbesitz aufgebrochen werden, oder sie wurden versiegelt, bis sie irgendwann in Anwesenheit eines Mitarbeiters des amerikanischen Finanzamts geöffnet werden konnten. Amerikas Goldverbot wurde erst 1974 von US-Präsident Gerald Ford wieder aufgehoben. 41 Jahre lang lebten die Amerikaner also in der eigentümlichen – manche würden sagen: perversen – Situation, dass sie Schusswaffen en masse kaufen, besitzen und benutzen durften, aber kein Gold. Erstaunlich wenige schienen das seinerzeit bizarr zu finden.

Auch **Deutschland** hat reichlich Erfahrung mit Goldverboten, nur dass sich heute fast niemand mehr daran erinnert. Dass wir zurzeit einfach so im Edelmetallshop Gold kaufen und zum Marktpreis verkaufen können, ist keine Selbstverständlichkeit. Bereits mit Ausbruch des Ersten Weltkriegs wurde Gold zu einer problematischen Anlageform. Die Golddeckung der Währung, ein Stabilitätsanker bis 1914, war plötzlich Geschichte, und den anfangs kriegsbegeisterten Bürgern des Kaiserreichs wurde nahegelegt, aus patriotischen Gründen Gold zu stiften, damit der Krieg ins Rollen kam. »Gold gab ich für Eisen«, lautete die Parole damals, wie schon 100 Jahre zuvor. Es handelte sich allerdings noch nicht um ein Goldverbot, sondern eher um eine Form des sozialen Drucks, des Gruppenzwangs.

Verboten wurden Gold, Silber und Platin erst **1923** im Zuge der Hyperinflation in Deutschland. Friedrich Ebert, der damalige Reichspräsident der Weimarer Republik, stellte den Privatbesitz von Edelmetall unter Strafe – und zwar unter Aussetzung zahlreicher in der Weimarer Verfassung verankerter Grundrechte. Es war ein dramatischer Eingriff in das Rechtssystem:

Grundfesten der Gesellschaftsordnung wie das Recht auf den Schutz von Eigentum, die Unverletzlichkeit der Wohnung oder das Briefgeheimnis wurden kurzerhand ausgehebelt. In der Not heiligt der Zweck eben die Mittel, auch in Demokratien. In den 1920er-Jahren waren Gold- und Devisenrazzien folglich an der Tagesordnung, nicht nur in Berliner Großstadtcafés, sondern auch in der Provinz.

Erst 1931 wurde das Verbot des privaten Edelmetallbesitzes wieder aufgehoben – für kurze Zeit. Im Sommer 1931 erfolgte ein weiterer, allerdings weniger drastischer Staatseingriff in den Goldmarkt. Einige Jahre später, die Nazis hatten inzwischen die Macht ergriffen, erließ Hermann Göring, von 1936 an auch für Rohstoffe und Devisen zuständig, erneut ein Goldverbot, unter Androhung drastischer Strafen bis hin zur Hinrichtung. Die jüdische Bevölkerung hatte sämtlichen Wertbesitz wie Edelmetall, Edelsteine und Perlen beim Staat abzugeben, wurde also enteignet (und wenig später zum großen Teil umgebracht).

Die Beschränkungen des Goldbesitzes entfielen in Deutschland erst 1955.[111] Ein Goldverbot – oder zumindest eine Beschränkung des freien Goldhandels – prägte insgesamt also ein knappes Drittel des 20. Jahrhunderts.

Dabei ist Deutschland keine Ausnahme: Zahlreiche weitere Staaten verboten Gold, wenn es politisch opportun war. Hierzu zählten **totalitäre** Staaten wie die Sowjetunion, Italien (unter Mussolini), Polen (nach 1950) oder die kommunistische Volksrepublik China. **Demokratien** schneiden an dieser Stelle jedoch nicht besser ab, siehe Amerika und Deutschland. Darüber hinaus verboten unter anderem Frankreich (1936/37), Großbritannien

(in den 1960er-Jahren) und Indien (1963 bis 1990) den privaten Goldbesitz.

Wer sich heute mit Gold beschäftigt und einen Kauf in Erwägung zieht, sollte zwei Lehren aus dieser Gemengelage ziehen:

- Der beste Weg, einem Goldverbot vorzubeugen, ist die Lagerung von Barren und Münzen im **Ausland**, und zwar in stabilen, vertrauenswürdigen Jurisdiktionen. Aus heutiger Sicht
  würden sich Länder wie Singapur oder die Schweiz anbieten,
  vielleicht Hongkong, wobei es absolute Sicherheit in diesem
  Punkt nie geben kann. Was heute sicher erscheint, kann morgen wanken – und umgekehrt. Selbstverständlich ist dies eine
  Option, die im wirklichen Leben allenfalls vermögende, kos-
  mopolitisch geprägte Menschen haben. Der typische deutsche
  Sparer kann nicht einfach mal so ein paar Hundert Gramm
  Gold nach Fernost verschicken und sie dort bei Bedarf wieder abholen.

- Umso wichtiger ist mein zweiter Punkt. Wer die Möglichkeit
  eines Goldverbots nicht kategorisch ausschließt, ist kein pa-
  nisch-paranoider Spinner, sondern einfach etwas informier-
  ter als der Rest. Das Verbot von Edelmetall ist häufig Politik
  gewesen, auch bei uns. Die deutsche Gesellschaft hat dies im
  Lauf der vergangenen Jahrzehnte vergessen oder verdrängt. Ist
  die nächste Krise groß genug, kann dieses Thema schnell wieder auf der **politischen Agenda** stehen.

5. Der Vermögensplan

Wer zu dem Schluss kommt, dass Gold auch in seinem Leben eine Rolle spielen sollte, stellt sich zwangsläufig die Frage: Hauptrolle, Nebenrolle oder Statist? Um dies vernünftig zu beantworten und die jeweiligen individuellen Vermögensverhältnisse zu berücksichtigen, empfiehlt es sich, schrittweise vorzugehen.

Alles andere als egal: Nominal oder real?

An erster Stelle ist es für Anleger außerordentlich wichtig, den Unterschied zwischen sogenannten nominalen und realen Vermögenswerten zu verstehen. Der wesentliche Unterschied liegt darin, dass **nominale Anlagen** in turbulenten Zeiten – insbesondere in einem stark inflationären Umfeld – ihre Kaufkraft tendenziell verlieren, und zwar tendenziell ziemlich flott. **Reale Werte** sind quasi mit »echten«, »anfassbaren« Werten unterlegt und insofern beständiger, nachhaltiger. Auch sie können im Zuge einer Krise massiv an Wert verlieren. Die Wahrscheinlichkeit, dass sie gegen null gehen, ist allerdings gering.

- Nominale Anlageformen sind beispielsweise die meisten **Anleihen** (der wichtigste Baustein von Kapitallebensversicherungen), **Sparkonten** und **Sparbücher**, **Kontoeinlagen**, **Bargeld**, **Festgeld** und **Termingeld**.

- Beispiele für reale Vermögenswerte sind **Aktien** und **Aktienfonds**, **Gold** und andere **Edelmetalle**, **Edelsteine**, **Rohstoffe**, **Kunst** und **seriöse Sammlungen** – sowie selbst höherwertige **Gebrauchsgüter** wie Autos (zum Beispiel Tipptopp-Oldtimer) oder Möbel (zum Beispiel Designerstücke). Darüber hinaus stellen **Immobilien** aller Art – Wohnungen und Häuser, vermietete Objekte, gewerbliche Immobilien, Wald und Land – eine höchst reale Anlageklasse dar.

Es liegt eine gewisse Tragik in dem Umstand, dass sich die Anlagevermögen der Deutschen in der Regel überwiegend aus nominalen Anlagen zusammensetzen. Schätzungen gehen von 70 bis 90 Prozent aus, was sich vor allem damit erklärt, dass die in Deutschland jahrzehntelang sehr beliebten Kapitallebensversicherungen und Zahlungen aus der gesetzlichen Rentenversicherung in diese Kategorie fallen. Viele reale Vermögensformen – insbesondere Aktien, aber auch Gold – sind wiederum unpopulär, weil ihre Bewertungen stark schwanken, ein für viele Bundesbürger unerträgliches Phänomen.

Diese Vermögensaufteilung lässt einen Großteil der Bevölkerung für den Fall schutzlos zurück, dass Fiatwährungen wie Euro oder Dollar eines Tages an Glaubwürdigkeit – und damit an innerem Wert – verlieren sollten. Tendenziell sollten Anleger, die ungünstig aufgestellt sind, gezielt umschichten: raus aus nominalen Anlageformen, rein in reale.

Anlageklassen: Aktien, festverzinsliche Anlagen, Immobilien, Rohstoffe

Die Frage, die am Anfang jeder Anlageentscheidung stehen sollte, lautet *nicht:* »Was soll ich nur kaufen?« Sie lautet: »Wie sollte ich mein Geld umsichtig auf die möglichen Anlageklassen verteilen?« (Ein Ansatz, der auf Englisch Asset Allocation heißt, frei übersetzt die »Zuordnung von Vermögenswerten«.)

Einige meinen, dass solche Überlegungen für sie eine Nummer zu groß seien – sie seien schließlich nicht »reich«. Das ist ein Fehler. Jeder erwachsene Deutsche besitzt im Schnitt zurzeit ein **Nettovermögen** von etwa 83 000 Euro, Paare kommen auf das Doppelte.[112] Zugegeben: Dieser Durchschnitt ist nicht besonders aufschlussreich, da etwa 20 Prozent der Bevölkerung überhaupt keine Ersparnisse haben und weitere 7 Prozent unterm Strich Schulden, also negatives Vermögen, weniger als nichts. Ein aussagekräftigerer Wert ist der Median, also der typische Wert. (Die Hälfte der Bevölkerung besitzt mehr als den Median, die andere Hälfte weniger.) Er liegt bei ungefähr 17 000 Euro. Kurz: Es ist bei zig Millionen Deutschen Geld vorhanden – bei ziemlich vielen sogar ziemlich viel. Die Frage der Asset Allocation ist höchst relevant.

Hier eine – zugegebenermaßen sehr einfach und subjektiv

strukturierte – Übersicht, in welche Richtung und in welchen Kategorien man denken sollte. (Deutlich ausführlicher fällt die Einführung in dieses wichtige Thema in *So geht Geld* aus, selber Verlag, selber Autor.) Im Großen und Ganzen besteht das Anlageuniversum aus vier Segmenten: **Aktien** (und aktienbasierten Wertpapieren, zum Beispiel Aktienfonds), **festverzinslichen Anlagen** (Anleihen oder »Rentenpapieren«), **Immobilien** aller Art und, Nummer vier, **Rohstoffen**.

- Wer **Aktien** besitzt, ist an Unternehmen beteiligt – und an deren Gewinnen.

- **Anleihen** sind Schuldscheine – vor allem von Staaten und Unternehmen, die sich von Anlegern Geld leihen und dafür Zinsen bezahlen (und am Ende das geliehene Kapital erstatten).

- Zum Segment der **Immobilien** – der »unbeweglichen« Sachwerte also – zählen das Eigenheim, Wohneinheiten, die mit der Absicht der Vermietung erworben werden, Ferienimmobilien im In- und Ausland, gewerblich genutzte Objekte, unbebaute Grundstücke, Ackerland und so weiter.

- Die Anlageklasse der **Rohstoffe** kann man grob in drei Gruppen unterteilen: industrielle Rohstoffe (zum Beispiel Öl, Erdgas, Kupfer, Nickel, Eisenerz und Bauxit), landwirtschaftliche Rohstoffe (zum Beispiel Weizen, Mais, Zucker) und Edelmetalle.

Bevor ein Sparer sich Gedanken macht, wie er konkret investieren soll, sollte er sich klarmachen, wie er sein Vermögen – egal, wie groß oder klein – prozentual auf diese vier Segmente aufteilen will. Bei dieser Frage gibt es keine eindeutige oder »richtige« Antwort; jeder muss die für ihn passende Mischung finden. Sie hängt von einer Reihe von Faktoren ab, unter anderem dem **Lebensalter** und der **Familiensituation**, der persönlichen **Risikofreude**, der **Vertrautheit** mit verschiedenen Anlageformen und nicht zuletzt dem aktuellen **Marktumfeld**. (Ist ein Segment gerade extrem teuer, bietet es sich an, den Prozentanteil tendenziell zu reduzieren – zum Beispiel auf dem Höhepunkt einer Spekulationsblase.)

Ich persönlich halte im aktuellen Finanzmarktumfeld die folgende Aufteilung als Ausgangspunkt der Überlegungen für schlüssig:

Aktien & aktienbasierte Wertpapiere:	45 bis 50 Prozent
Renten & rentenbasierte Wertpapiere:	15 Prozent
Immobilien & Immobilienanlagen:	25 Prozent
Rohstoffe:	10 bis 15 Prozent

Dies ist, um es noch einmal zu sagen, ein idealtypisches *Beispiel*, das lediglich eine erste Orientierungshilfe geben soll. So werden insbesondere viele Haushalte, die in ihren eigenen vier Wänden leben, de facto eine deutlich höhere Immobilienquote aufweisen – einfach weil eine teilweise oder sogar ganz bezahlte Wohnung oft einen Großteil des eigenen Vermögens ausmacht. Insofern ist Flexibilität gefragt, und jeder muss sich seinen individuellen Vermögensplan unter Berücksichtigung seiner persönlichen Lebensverhältnisse erstellen oder von einem professionellen Berater erstellen lassen.

Insgesamt sind in dieser Übersicht die Anteile, die auf Aktien und Rohstoffe entfallen, ungewöhnlich hoch – womit ich meine, dass viele Finanzexperten anderer Meinung sein dürften. Der Rentenanteil wiederum liegt sehr niedrig. Anders gesagt: Der Vermögensplan oben legt den Schwerpunkt gezielt auf reale Werte, nicht auf nominale.

Welche Rolle Gold im Vermögensplan spielen sollte

Auch Gold ist selbstverständlich ein Baustein des Vermögensplans, der seinen Platz unter der Rubrik »Rohstoffe« findet.

Für die meisten Vorsorger in Deutschland sind Industrie- und Agrarrohstoffe aufgrund der damit verbundenen gewaltigen Risiken kein ideales Investment. Sollten Sie zum Beispiel – wie die Mehrzahl der Bundesbürger – der Meinung sein, dass Aktien spekulatives Teufelszeug seien (falsch, aber häufig zu hören), sollten Sie sich klarmachen, dass Rohstoffe insgesamt noch erheblich spekulativer und damit noch riskanter sind. Es spricht für die meisten nichts dagegen, überhaupt keine Investments im Industrie- und Agrarrohstoffbereich zu tätigen.

Auch Gold ist oft ein turbulentes Vergnügen, *langfristig* aber sichert es ab. Als **Faustregel** kann eine Größenordnung von **fünf**

bis 20 Prozent des Vermögens, die auf Gold und andere Edelmetalle entfallen, dienen – abhängig natürlich von den persönlichen Vorlieben und der individuellen Vermögensstruktur. Wer zum Beispiel ein eigenes Unternehmen besitzt, hat mit hoher Wahrscheinlichkeit einen Großteil seines Kapitals dort gebunden und wird tendenziell einen kleineren prozentualen Goldanteil am Gesamtvermögen aufweisen. Wer andererseits zehn Millionen Euro in bar auf dem Konto liegen hat (ja, auch das gibt es, und gar nicht so selten), könnte gut und gerne 20 Prozent davon in Gold stecken.

In der Generation meiner Großeltern war so ein Vorgehen übrigens eine Selbstverständlichkeit. Noch in den 1970er-Jahren war es normal, einen (kleinen) Teil des eigenen Vermögens in Gold vorzuhalten – hier eine Münze, da einen kleinen Barren gekauft und in die Schreibtischschublade gesteckt. Das machte seinerzeit Sinn, denn die 1970er-Jahre waren hoch inflationär, und die Menschen hatten zu Recht Angst um ihr Geld. Gold versprach Schutz. (Übrigens eine Wette, die aufging: Zwar schnitten viele Investments, insbesondere Aktien, in den vergangenen 40 Jahren noch besser ab, aber auf Dollarbasis hat sich der Goldkurs seitdem verachtfacht.)

Heute ist das alles andere als normal. Im Gegenteil: Wer einen Teil seiner Ersparnisse in Goldmünzen oder -barren steckt, gilt unter seinen Mitmenschen schnell als verhuscht. (Wobei ich glaube, dass die Affinität zu Gold unter Älteren weiterhin stärker ausgeprägt ist als unter Jüngeren.)

Aber sei's drum – ein persönlicher Vermögensplan sollte nie von der Meinung oder Zustimmung anderer abhängig sein. Im

Gegenteil: Finden alle ihn toll, hat man vermutlich etwas falsch gemacht. Wenn Sie den Zehnten oder etwas mehr in Gold und andere Edelmetalle stecken, sind Sie umsichtig aufgestellt.

6. Physisches Gold

Münzen, Barren und Schmuck

Physisches Gold kann man bekanntlich als Münzen oder Barren kaufen. Für welche Form man sich entscheidet, ist reine Geschmackssache. Ich persönlich finde Münzen ästhetischer als Barren, aber das sollte bei Anlageentscheidungen nicht das Ausschlag gebende Kriterium sein. Beides ist völlig okay.

Anlage- und Sammlermünzen

Wer einen Teil seiner Ersparnisse in Edelmetall umschichten und Goldmünzen erwerben will, muss zwischen Anlage- und Sammlermünzen unterscheiden.

Anlagemünzen haben verschiedene Größen. Die Angebotspalette beginnt bei Münzen mit dem Gewicht einer Fünfundzwanzigstelunze (gut 1,2 Gramm), während nach oben keine Grenzen gesetzt sind. (Australiens Prägeanstalt hat mit einer Ein-Tonnen-Münze jüngst einen Rekord gebrochen – ein Marketinggag natürlich, kein marktgängiges Produkt.)

Die Standardeinheit bei Münzen ist die **Unze**. Das Wort leitet sich aus dem Lateinischen ab, wo »uncia« ein »Zwölftel« (bezogen auf das altrömische Pfund) bedeutet. Im Englischen spricht man von »ounce« (was »auns« ausgesprochen und »oz.« abgekürzt wird). Bei Anlagemünzen ist allerdings die **Feinunze** entscheidend, die sich stets auf den Edelmetallgehalt bezieht. Hier lautet der englischsprachige Begriff »troy ounce« – ein Ausdruck, der seine historische Wurzel mutmaßlich in der französischen Stadt Troyes hat. Troyes war ein mittelalterliches Geschäftszentrum, dessen Gewichtseinheit sich weltweit durchsetzen sollte und noch heute in Gebrauch ist. Eine Feinunze entspricht – dies ist der Wert, den man sich merken muss – **31,1 Gramm**. (Ganz genau: 31,103 47 68 Gramm.)

Die meisten Goldmünzen haben einen sogenannten **Nennwert**, zum Beispiel 50 US-Dollar bei der Ein-Unzen-Variante des amerikanischen Buffalo (siehe Münzentabelle). Da der **Materialwert** so gut wie immer weit höher liegt, spielt der Nennwert praktisch keine Rolle, sondern ist lediglich symbolischer Natur.

Wer Anlagemünzen kauft, sollte sich an marktgängige Münzen halten, die weltweit populär und in Umlauf sind. Im Notfall sind sie einfacher zu gebrauchen – und zu verkaufen – als seltene, kaum bekannte Münzen, deren Herkunft man umständlich erklären muss.

Name	Land	Zusammen-setzung	Motiv	Produ-zent
Kangaroo (»Känguru«)	Australien	Feingold	Känguru/ Elisabeth II.	Perth Mint
Panda	China	Feingold	Himmelstempel in Peking/ Riesenpandas	China Gold Coin Inc. (CGCI)
Britannia	Großbritannien	Feingold (seit 2013)	Elisabeth II./ Britannia	Royal Mint
Maple Leaf (»Ahorn-blatt«)	Kanada	Feingold	Elisabeth II./ Ahornblatt	Royal Canadian Mint
Libertad (»Freiheit«)	Mexiko	Feingold	Victoria vor Vulkanen/Adler mit Schlange	Casa de Moneda de México
Wiener Phil-harmoniker	Österreich	Feingold	Orgel/Musik-instrumente	Münze Österreich
Krügerrand	Südafrika	91,67 % Gold, 8,33 % Kupfer	Paul Kruger (südafrikani-scher Staats-mann, 1825–1904)/ Springbock	South African Mint
Buffalo (»Büffel«)	USA	Feingold	»Indianer«/ Bison	United States Mint
Eagle (»Adler«)	USA	91,67 % Gold, 3 % Silber, 5,33 % Kupfer	Liberty/Adler	United States Mint

Tabelle 5: Die wichtigsten Goldmünzen

Kangaroo

Panda

Britannia

Maple Leaf

Libertad

Wiener Phil-
harmoniker

Krügerrand

Buffalo

Eagle

Die gängigen Goldmünzen stammen in der Regel aus Ländern, die große Goldproduzenten sind (oder es einmal waren wie im Fall Großbritanniens mit seinem Empire). Beispiele sind der Krügerrand aus Südafrika, der Maple Leaf aus Kanada und der Panda aus China. Einer der großen Goldproduzenten, dessen Münzen im Anlagegeschäft bei uns dagegen kaum eine Rolle spielen, ist Russland. Die landeseigene Produktion geht dort großteils direkt an den Staat, der damit seine Finanzreserven aufstockt.

Österreichs Rolle als Produzent des Wiener Philharmonikers, einer der beliebtesten Goldmünzen weltweit, hat wiederum historische Gründe. Ende des 12. Jahrhunderts nahm Leopold, Herzog von Österreich, den englischen König Richard Löwenherz gefangen und forderte für seine Freilassung ein üppiges Lösegeld: zwölf Tonnen Silber. Die bekam er und ließ sie später zu Münzen prägen – der Anfang der heutigen Münze Österreich AG in Wien.

Sammlermünzen erfordern mehr Know-how und sind als Anlageform für die meisten weniger geeignet. Sie werden in der Regel über ihrem reinen Materialwert gehandelt, weil sie rar und kulturhistorisch bedeutsam sind und von Liebhabern in aller Welt geschätzt werden. Charmant – aber für Sparer, die lediglich einen Teil ihres Gelds vor einem Wertverfall schützen wollen, nicht praktisch. Das Risiko, versehentlich falsch zu disponieren, ist bei Sammlermünzen erheblich größer als bei Anlagemünzen.

Dies gilt auch für die in Deutschland recht beliebten Münzserien für Sammler. Die Bundesrepublik hat von 2010 bis 2015 beispielsweise einmal jährlich eine Sammelmünze der Serie »Deutscher Wald« herausgebracht. Die jüngste, im Juni 2015, war die »Linde«. 2016 geht die neue Serie »Heimische Vögel« an den Start; als Erstes tiriliert die »Nachtigall«. Jeweils im Oktober kommt außerdem eine Münze der Serie »UNESCO Welterbe« heraus, zuletzt im Herbst 2015 das »Obere Mittelrheintal«. (Weitere Infos auf www.deutsche-sammlermuenzen.de.) All diese Stücke sind durchaus ansprechend, können Sammlern und Liebhabern Freude bereiten und ein nettes Geschenk abgeben. Als Anlageform sind sie aber nicht erste Wahl.

Barren und Tafelbarren

Barren sind in Deutschland beliebter als Münzen: 57 Prozent der Bundesbürger, die demnächst Gold kaufen wollen, setzen auf dieses Format, so eine Umfrage[113], nur 29 Prozent auf Münzen. Der Rest bevorzugt goldbasierte Wertpapiere (Kapitel 7). Dies dürfte nicht zuletzt praktische Gründe haben. Wer einen größeren Betrag – sagen wir mehrere 10 000 Euro – in Gold tauschen möchte, ist mit Barren meist besser bedient. Würde er Ein-Unzen-Münzen für diese Summe kaufen, hätte er einen klimpernden Beutel voll im Tresor. Außerdem sind Barren aufgrund ihrer Form besser stapel- und lagerbar.

Ähnlich wie Münzen gibt es Barren in verschiedenen Gewichtsklassen: ein Gramm, fünf Gramm, zehn, 20, 100, 250 Gramm, Kilobarren – und Schwergewichte von 12,5 Kilogramm, also einem Viertelzentner. Auch die Unze kann bei Barren als Gewichtseinheit dienen. Produzenten von Barren sind unter anderen Degussa, Heraeus und das in Belgien beheimatete Unternehmen Umicore. Hersteller und Feinheit sind in der Regel auf den Barren vermerkt. Der Goldgehalt sollte bei mindestens 999/1000 liegen, also bei 99,9 Prozent. Besser ist allerdings die höchste Reinheitsstufe von 99,99 Prozent.

Ein Sonderfall sind sogenannte **Tafelbarren** – eine Art »Tafel Schokolade aus Gold« mit einem Gewicht von 20 oder 50 Gramm. Der Tafelbarren besteht aus Blättchen à ein Gramm, die man je nach Bedarf wie bei einer Schokolade abbrechen kann. Ein einzelnes Stück dieses Barrens ist zurzeit gut 30 Euro wert – bewegt sich also in einer Größenordnung, in der man im echten Katastrophenfall, einem Totalausfall unseres Finanzsystems, sogar Lebensmittel bezahlen könnte. Das ist genau der Punkt dieser Barrenvariante: Sollten unsere Banken und Sparkassen eines Tages zusammenbrechen, die Filialen schließen, die Geldautomaten außer Betrieb sein und Kapitalkontrollen greifen – die Welt, wie wir sie kennen, also untergehen –, dann könnten Ein-Gramm-Blättchen im Alltag praktisch sein. Mit einer Goldunze, aktuell gut 1000 Euro wert, ließe sich in diesem Schreckensszenario mutmaßlich schlecht im Supermarkt bezahlen. Oder besser: Ein Einzelhändler würde für einen Zehn-Kilo-Sack Kartoffeln sicher die Goldmünze akzeptieren, was den Käufer allerdings 100 Euro je Kilo Kartoffeln kosten würde. Ein *Gramm* Gold hingegen ist eine vernünftige Größenordnung für einen Einkauf im Laden. Der Aufpreis auf den reinen Materialwert ist bei diesem Format allerdings relativ hoch.

Seit 2014 ist auch der Wiener Philharmoniker, eine der am weitesten verbreiteten Goldmünzenreihen der Welt, in einem

Miniformat erhältlich: als Münzchen von 1,24 Gramm (was $\frac{1}{25}$ einer Unze entspricht), das die praktischen Vorzüge des Tafelbarren teilt.

Goldschmuck

Schmuck aller Art aus Gold und anderen Edelmetallen ist natürlich ausgesprochen schön und eine Freude, als Anlageform allerdings fast immer eine schlechte Idee. Es geht wie beim Kauf eines Neuwagens: Sobald man mit dem frisch erworbenen Auto das Werksgelände verlässt, fällt der Wert beträchtlich, um 15 oder 20 Prozent. Bei Schmuck, kaum erworben, nähert sich der Marktwert rasch dem Materialwert – unabhängig vom Preis, den man im Geschäft dafür bezahlt hat.

Ähnlich wie Kleidung und andere Accessoires unterliegt Schmuck dem geschmacklichen Wandel. Ein Ring, heute noch modisch auf der Höhe seiner Zeit, kann in ein paar Jahren schon unmodern sein. Nur wenige Frauen dürften im 21. Jahrhundert noch den Goldschmuck tragen wollen, der vor gut 100 Jahren in der späten Kaiserzeit beliebt war, und sie würden nur in den seltensten Fälle Spitzenpreise dafür bezahlen. Aus diesem Grund ist klassisches Anlagegold, also Barren und Münzen, vorzuziehen.

Eine Ausnahme verdient an dieser Stelle Erwähnung: Schmuck mit besonders vornehmer Herkunft, im Jargon der Auktionshäuser »Provenienz« genannt. Stücke, die einst Celebrities gehörten – Hollywoodschauspielerinnen zum Beispiel, Mitgliedern von Königshäusern, Helden des Sports oder anderen Prominenten –, haben oft einen spekulativen Wert, der weit über den Materialwert hinausgeht, auf Auktionen sogar Spitzenpreise erzielen kann. Wenn Sie Angelina Jolie, Jennifer Lawrence, Kristen Stewart oder ähnlich heißen, kann der Kauf von Schmuck also durchaus einen schönen Wertzuwachs erzielen und renditeträchtig sein. Da die Wenigsten von uns berühmt sind, ist dies in der Regel allerdings keine belastbare Anlageidee.

Gold kaufen und verkaufen

Gold erwerben

Idealerweise kauft man physisches Gold in Deutschland bei einem **seriösen Edelmetallhändler**. Hier besteht erstens so gut wie keine Gefahr, dass man Falschgold erwirbt. Zweitens ist die Angebotspalette umfangreich. Drittens wird man bei Bedarf fachkundig beraten. Und schließlich sind die Preise im Großen und Ganzen fair.

Die Wirtschaftswochenzeitung *Euro am Sonntag* ermittelt in Zusammenarbeit mit dem Deutschen Kundeninstitut, einem Marktforscher mit Sitz in Düsseldorf, seit 2013 regelmäßig die besten Spezialisten für Edelmetall in Deutschland. In dieser Untersuchung spielen Preise/Konditionen und Sicherheit/Transparenz mit jeweils 30 Prozent die wichtigsten Rollen. Darüber hinaus werden die Produktpalette der Händler (20 Prozent) und die Servicequalität bewertet (20 Prozent).[114]

Rang	Name	Punkte*	Note	www.
1	**Degussa Goldhandel**	93,2	**sehr gut**	degussa-goldhandel.de
2	**Anlagegold24**	89,5	**sehr gut**	anlagegold24.de
3	**Heubach Edelmetalle**	88,4	**sehr gut**	heubach-edelmetalle.de
4	**Pro Aurum**	87,5	**sehr gut**	proaurum.de
5	**Auragentum**	86,6	**sehr gut**	auragentum.de
6	S & R Edelmetalle	84,3	gut	muenzdiscount.de
7	ESG Edelmetall-Handel	83,5	gut	edelmetall-handel.de
8	GoldSilberShop.de	79,5	gut	goldsilbershop.de
9	Faller Edelmetalle	77,5	gut	silbertresor.de
10	MP Edelmetalle	76,0	gut	mp-edelmetalle.de
11	Exchange	74,1	gut	gold-exchange.de
12	CoinInvest	73,9	gut	coininvest.com
13	Geiger Edel-metallhandel	70,3	befriedi-gend	geiger-edelmetalle.de
14	Commerzbank	64,8	befriedi-gend	commerzbank.de
15	Westgold	59,7	ausrei-chend	westgold.de

Stand: Herbst 2015; * von 100 möglichen; Quelle: €uro am Sonntag in Zusammen-arbeit mit Deutschem Kundeninstitut (DKI). Vier Goldhändler - Ophirum, Reise-Bank, Robbe & Berking und Ziemann Valor - nahmen laut €uro am Sonntag an der Studie nicht (mehr) teil.

Tabelle 6: Die besten Edelmetallhändler in Deutschland

Ende 2015 war bei dieser Marktstudie **Degussa Goldhandel**[115] Testsieger, der größte Edelmetallhändler für Privatkunden in Deutschland. **Anlagegold24, Heubach Edelmetalle, Pro Aurum** und **Auragentum** erhielten ebenfalls die Gesamtnote »sehr gut«. Insofern liegt es nahe, dass alle Edelmetallinteressenten sich zuallererst bei diesen Anbietern umschauen sollten.[116]

Ergänzend hierzu gingen der Goldhändler Pro Aurum und der zur französischen Großbank BNP Paribas gehörende Online-broker Consorsbank Ende 2015 mit einer nützlichen Alternative an den Start. Sie versahen die 20 wichtigsten Goldmünzen und -barren in Deutschland jeweils mit eigener Wertpapier-kennnummer (WKN) und Internationaler Wertpapier-Identifikationsnummer (ISIN) und machten sie damit so handelbar wie Aktien, Anleihen, Fonds und andere Wertpapiere. Das Gold, das Anleger auf diesem Weg kaufen, lagert in den Hochsicherheitstresoren des Handelshauses in München-Riem, wofür eine jährliche Gebühr von 0,6 Prozent berechnet wird. Eine Handelsgebühr bei Consors fällt darüber hinaus nicht an. Da das so erworbene Gold im Consors-Depot verwaltet wird, ist es beleihbar, anders als Münzen und Barren, die in Eigenregie im Tresor daheim oder in einem Bankschließfach einlagert werden. Außerdem können Anleger sich ihr Gold bei Bedarf jederzeit gegen Zahlung einer Versandgebühr ausliefern lassen. Wer Kunde bei Consors ist, kann sich Goldmünzen und -barren seit einigen Monaten also auch online ins Depot legen.

Pro Aurum plant mittelfristig die Ausweitung dieses Vertriebswegs: Zum einen sollen andere Onlinebanken einbezogen werden, zum anderen auch die Edelmetalle Silber, Platin und Palladium per WKN handelbar werden.

Aber egal wo man sein Edelmetall kauft: Man sollte sich stets bewusst sein, dass es nicht nur Falsch*geld* gibt, sondern auch Falsch*gold*. Gold ist eine der wertvollsten Substanzen der Welt, was naturgemäß Schurken auf den Plan ruft, erst recht bei steigenden Goldnotierungen. Schon im sechsten Jahrhundert vor Christus soll Polykrates, Herrscher der griechischen Insel Samos, die Spartaner mit gefälschten Goldmünzen hintergangen haben.[117]

Bei Barrenfälschungen wird heute oft billiges Wolfram (englisch »tungsten«) verarbeitet, das ähnlich schwer wie Gold und mit einer dünnen Schicht Gold umhüllt ist, gewissermaßen also lackiert. Mit Abrieb- und Säuretests sowie technologischen Hilfsmitteln wie Ultraschall, Magnetwaagen und Röntgengeräten, über die seriöse Händler verfügen, ist dieser Trick jedoch schnell zu durchschauen. Münzen werden seltener gefälscht als Barren, weil der Schwindel bei den meist kleineren und filigraneren Stücken oft schon mit dem bloßen Auge oder am Klang zu erkennen ist und auffliegt.

Da sich Kriminelle in aller Welt auf Goldfälschungen spezialisiert haben, gilt beim Goldkauf von **Fremden** und unseriösen Quellen im Ausland und im **Internet:** Finger weg! (Damit sind natürlich nicht die Webseiten der oben genannten seriösen Edelmetallhändler gemeint.) Die Wahrscheinlichkeit, dass Sie einem Betrüger aufsitzen und am Ende wertloses Zeug in Händen halten (oder bei leichtsinniger Vorkasse nicht einmal das), ist einfach zu hoch.

Hier die wichtigsten Praxistipps, wenn Sie sich für den Kauf von physischem Gold entschieden haben:

- Beim Edelmetallkauf fallen **Gebühren** an, was grundsätzlich völlig in Ordnung ist: Wie jedes Unternehmen will und muss auch ein Edelmetallhändler einen Gewinn erzielen, um nicht pleitezugehen. Diese Gebühren verstecken sich in der Spanne zwischen Ankaufs- und Verkaufspreis, die Händler in Eigenregie festlegen, abhängig natürlich von den jeweiligen Marktpreisen für Edelmetall. Man nennt diese Spanne **Aufgeld**, **Agio** oder **Spread**. Beispiel: Wer einen südafrikanischen Ein-Unzen-Krügerrand kauft, zahlt beim Händler dafür 1050 Euro; verkauft er die Münze dagegen, bekommt er nur 1030 Euro. Der Spread würde in diesem Fall bei 20 Euro liegen.

    Drei einfache Prinzipien sollte man sich an dieser Stelle merken:

    - Je kleiner der Spread (in Prozent), desto günstiger für den Kunden.
    - Je größer das Stück Gold, das man erwirbt, umso attraktiver wird prozentual das Aufgeld. Wer einen Kilobarren kauft, zahlt je Gramm also deutlich weniger an Gebühren als derjenige, der nur eine halbe Feinunze erwirbt.
    - Die Spreads unterscheiden sich von Anbieter zu Anbieter – vergleichen lohnt sich.

- Beim Kauf von Edelmetall besteht die Gefahr, dass man einen schlechten Tag erwischt, also einen unglücklich hohen

Kurs. Schließlich schwanken die Euro- und Dollarpreise von Gold und Silber recht stark, und man weiß erst im Rückblick, ob man eher billig oder teuer gekauft hat. Aus diesem Grund kann es Sinn machen, die Anlagesumme in Tranchen **aufzuteilen** und nach und nach für den gleichen Betrag zu kaufen. So wird man einen mittleren Kaufpreis erzielen, der höher liegen wird als am Kauftag mit der niedrigsten Notierung, aber garantiert auch niedriger als am Tag mit der höchsten. Beispiel: Wer sich entschieden hat, 20 000 Euro in Gold zu tauschen, könnte diesen Betrag in fünf Tranchen à 4000 Euro aufteilen und im Laufe der nächsten Monate an jedem Monatsersten (oder einem beliebigen Alternativtag) zum Goldhändler gehen.

• Wer Gold kauft, erhält oft ein **Zertifikat** (bei Barren) und immer eine **Quittung**. Die Personalien des Käufers müssen dort nicht auftauchen. Gibt es kein Zertifikat, ist dies bei einem seriösen Händler kein Anlass zu Sorge. Die gängigen Anlagebarren und -münzen sind standardisierte Produkte, die auch ohne Begleitschreiben als echt zu erkennen und wiederverkäuflich sind.

• Skeptisch sollte man bei **Goldautomaten** sein. Die erste Verkaufsmaschine dieser Art nahm 2010 in Abu Dhabi in den Vereinigten Arabischen Emiraten ihren Dienst auf. Seitdem kommen einige Goldautomaten auch in Deutschland und anderen Ländern zum Einsatz. Das größte Risiko besteht darin, hier aus Ahnungslosigkeit oder Bequemlichkeit einen ungünstigen Kaufkurs zu erwischen, also zu viel zu bezahlen. Recherchieren Sie, bevor Sie einen Goldautomaten nutzen, unbedingt die aktuellen Marktpreise.

- Da der Goldpreis weltweit traditionell in US-Dollar ermittelt und veröffentlicht wird, spielen die **Wechselkurse** beim Goldkauf eine wichtige Rolle. Denn natürlich bezahlen wir in Deutschland weiterhin mit Euro, wenn wir Edelmetall erwerben. Das macht den Kauf insbesondere in Phasen günstiger, in denen der Dollar zum Euro an Wert verliert. Umgekehrt macht ein starker Dollar (wie zum Beispiel 2014) Gold für Bürger der Eurozone teurer, selbst wenn der Dollar-Goldpreis konstant bleibt.

Gold veräußern

Wer sich von Anlagegold – also Standardbarren und -münzen – trennen möchte, ist bei den meisten der oben genannten Edelmetallhändler ebenfalls an der richtigen Adresse.

Darüber hinaus liegt in den meisten Haushalten in irgendeiner Schachtel oder Schublade etwas **Altgold** herum: gerissene Ketten, abgelegte Eheringe, Schmuck, den man nicht mehr leiden mag, und herausgebrochenes Zahngold beispielsweise. Im Zuge des rasanten Goldpreisanstiegs, der 2011 seinen vorläufigen Höhepunkt erreichte, haben in Deutschland zahlreiche Altgoldhändler ihr Geschäft neu aufgenommen. Sie werben üblicherweise mit »Goldankauf«, »Bargeld sofort« und ähnlich plakativen Begriffen in Schaufenstern und Anzeigenblättern.

Auch beim Verkauf von Altgold sind Umsicht und gesunder Menschenverstand gefragt:

- Es geht dabei stets nur um den **Materialwert** des Altgolds, um sonst nichts – also nicht um die (subjektive) Schönheit des Teils und erst recht nicht um dessen ideellen Wert. Beachten muss man dabei insbesondere die Legierung des zu veräußernden Objekts. Ein Goldring mit einem Gewicht von vier Gramm, 333er Qualität (also acht Karat), kommt beispielsweise nur auf einen Goldanteil von etwa 1,3 Gramm, der bei der Wertschätzung zugrunde gelegt wird.

- Man sollte in jedem Fall **mehrere Angebote** einholen, um einen halbwegs guten Erlös zu erzielen. Berücksichtigen sollte man dabei unbedingt auch die seriösen Edelmetallhändler (siehe Tabelle 6 im Kapitel »Gold kaufen und verkaufen«). Viele von ihnen kaufen Altgold an – was allerdings nicht zwangsläufig bedeutet, dass sie auch die höchsten Preise zahlen.

- Es ist riskant, Altgold im **Internet** zu verkaufen oder **per Post** an potenzielle Altgoldaufkäufer zu schicken. Dies sollte man nur in Erwägung ziehen, wenn man von der Seriosität des Geschäftspartners überzeugt ist.

Banken und Sparkassen

Ausgeklammert habe ich bislang Banken und Sparkassen, bei denen man grundsätzlich auch Edelmetallgeschäfte tätigen kann. Allerdings ist dies heutzutage nicht mehr so unkompliziert wie vor einigen Jahrzehnten.

Als ich ein Junge war – in den hochinflationären 1970er-Jahren –, war es noch das Normalste von der Welt, in der Filiale der Hausbank Münzen oder Barren zu kaufen. Es war der direkte und unkompliziert bewährte Weg. Inzwischen sieht das anders aus, weil der Edelmetallhandel für viele Banken und Sparkassen nicht mehr lukrativ ist. Bei einem Großteil der Filialen ist das Angebot begrenzt. Selbst gängige Münzen und Barren sind nicht vorrätig, müssen also bestellt werden – ein deutlich zäheres, langwierigeres Prozedere als bei Edelmetallspezialisten. Oft sind die Gebühren nicht attraktiv.

Richtig schwierig wird es, wenn man einer Bank oder Sparkasse am Schalter Gold *verkaufen* will. Die meisten Filialmitarbeiter sind heute nicht mehr in der Lage, ad hoc die Echtheit von Edelmetall zu prüfen, anders als die Mitarbeiter seriöser Edelmetallhändler. »Da könnte ja jeder kommen« ist die wahrscheinliche Reaktion – und dass mitgebrachte Zertifikate und Kaufquittungen als Belege für die Echtheit der Ware ausreichen, wage ich zu bezweifeln. Insofern sind Filialbanken bis auf Weiteres bei Goldgeschäften nicht die erste Wahl.

Eine erwähnenswerte Ausnahme bilden zwei Sparkassen in Südwestdeutschland, die Sparkasse Pforzheim Calw und die Kreissparkasse Göppingen. Beide haben in der jüngeren Vergangenheit die Zeichen der Zeit erkannt und **Goldkonten** entwickelt, die jeder eröffnen kann, egal, wo in Deutschland er lebt. (Man muss also keinen Wohnsitz im Einzugsbereich dieser beiden Sparkassen haben.)

Das Goldkonto der **Sparkasse Pforzheim Calw**, das ab einer Anlagesumme von 5000 Euro möglich ist, wird in Gramm geführt. Es funktioniert im Kern wie ein Girokonto, nur dass als Recheneinheit nicht Euro dienen, sondern Goldeinheiten. (Pforzheim ist ein wichtiger Standort der Schmuckindustrie, sodass viele Menschen in der Region traditionell eine große Affinität zu Edelmetall haben – einer der Gründe, warum ausgerechnet diese Sparkasse ein solches Produkt entwickelt hat.) Abgesichert ist dieses Konto über die Einlagensicherung des Sparkassenverbunds, die grundsätzlich sehr solide ist, und eine Auslieferung des eigenen Golds ist gegen Gebühr möglich. Zu bedenken ist allerdings, dass bei einem finanzsystemischen Zusammenbruch keine Einlagensicherung der Welt alle Risiken abdecken kann. Wer sein Edelmetall zu Hause im Tresor aufbewahrt, hat im Krisenfall auf der einen Seite also mehr Sicherheit. Auf der anderen Seite ist dieses Goldkonto eine bequeme, kostengünstige und benutzerfreundliche Sache.

Das Goldkonto der **Kreissparkasse Göppingen**, das in Zusammenarbeit mit dem Edelmetallhändler Pro Aurum angeboten wird, funktioniert hingegen wie ein Wertpapierdepot – nur dass die hier aufbewahrten »Wertpapiere« physische Goldmünzen und -barren sind, von denen rund ein Dutzend zur Auswahl stehen. Auch hier ist eine Auslieferung möglich.

Die Lagerung

Gold, ein höchst kostbares Gut, muss aufbewahrt werden – irgendwo und irgendwie, vor allem aber möglichst sicher. Man sollte es nicht einfach in der Küchenschublade liegen lassen. Bedenken muss man dabei von vornherein eines: Es gibt im Leben **keine hundertprozentige Sicherheit**, auch und gerade nicht in Finanzfragen und bei der Be- und Verwahrung von Vermögenswerten. Es geht bei der Lagerung von Gold und anderen Edelmetallen nicht um *absolute*, sondern um *relative* Sicherheit, also um eine vernünftige Verringerung des Risikos mit Umsicht, Augenmaß und Gelassenheit.

Am sinnvollsten ist für viele Goldsparer mit großer Wahrscheinlichkeit die Verwahrung zu Hause in einem **Tresor**. Dieser Safe ist idealerweise qualitativ so hochwertig, wie Sie es sich gerade noch leisten können, und wird von einem Experten an einem geeigneten Ort in Wand oder Boden verankert, am besten an versteckter Stelle. Eine Rolle spielen dabei unter anderem **Größe** und **Gewicht** (je größer und schwerer, desto sicherer und teurer), die **Feuerfestigkeit** und der sogenannte **Widerstandsgrad** (auch Sicherheitsstufe genannt: wie lange ein durchschnittlich begabter Einbrecher braucht, um den Kasten zu knacken oder klauen). In der Regel wird ein brauchbarer Privattresor mindestens eine Summe im hohen dreistelligen oder sogar im vierstelligen Euro-Bereich kosten. Nach oben gibt es preislich kaum Grenzen.

Natürlich ist ein eigener Tresor unangebracht, wenn es einem nur um die Lagerung einer kleinen Goldmenge geht. In den meisten Haushalten gibt es aber über Edelmetall hinaus eine Fülle schützenswerter Dinge, neben Schmuck und Kostbarkeiten vor allem wichtige Dokumente und Datenträger aller Art. Insofern kann sich ein eigener Safe durchaus lohnen, auch wenn im Haus nur wenige Goldmünzen vorhanden sind.

Aber egal, wie solide ein Safe daheim auch ist: Hundertprozentig sicher ist auch er nicht. Es kommt gar nicht so selten vor, dass ganze Tresore von Einbrechern aus Wohnungswänden gerissen und weggeschleppt werden.[118] Daher empfiehlt sich, wenn man alle vertretbaren Vorsichtsmaßnahmen ergriffen hat, eine Spur Gleichmut.

Einige werden an dieser Stelle einwenden: »Warum soll ich mir einen Safe in die Wohnung montieren – ich miete mir einfach ein **Schließfach auf der Bank**!?« Nachvollziehbar, aber keine so gute Idee, wie es auf Anhieb erscheint. Erstens kostet ein Schließfach bei Bank oder Sparkasse **Gebühren**, deren Höhe abhängig von Institut, Fachgröße und dem eingeschlossenen Versicherungsschutz ist. In der Spanne von etwa 20 bis 500 Euro im Jahr ist alles möglich.

Zweitens ist es gar nicht so einfach, ein Schließfach bei einer Bank zu bekommen – insbesondere wenn man (wie dieser Autor) seit Jahren seine Finanzgeschäfte bei guten **Onlineanbietern** führt. Eine Filialbank, die Ihnen gegen Gebühr ein Schließfach vermietet, wird Ihnen nahelegen, erst einmal ein (gebührenpflichtiges) Konto zu eröffnen. Das wollte man aus guten Gründen aber gar nicht haben.

Drittens ist man an die **Öffnungszeiten** der jeweiligen Bankfiliale gebunden, an Wochenenden und Feiertagen ist der Zugang also unmöglich. Viel schwerer als diese Unbequemlichkeit wiegt noch, dass Sie in einer ernsten Finanzkrise mit großer Sicherheit keinen Zugang zu Ihrem Schließfach haben werden – genau in der Situation also, in der Sie dessen Inhalt am dringlichsten brauchen könnten. Dass dies nicht aus der Luft gegriffen ist, zeigen beispielhaft die Erfahrungen von Bankkunden in den Eurozonenländern Zypern (2013) und Griechenland (2015). Es ist sogar denkbar, dass Schließfächer im Zuge einer Finanzkrise von Staats wegen »geprüft« werden dürfen – also aufgebrochen.

Viertens sind Schließfächer bei der Bank **nicht** zwangsläufig **sicherer** als der Safe daheim. Auch sie werden gar nicht so selten von Einbrechern geknackt – und weg.

Für die meisten Goldbesitzer dürfte eine Lagerung von Edelmetall im **Ausland** aus praktischen und Kostengründen nicht infrage kommen. Sie wissen nicht, wie das konkret geht, sprechen vielleicht auch nicht allzu gut Englisch, und es wäre viel zu teuer und aufwendig.

Wer allerdings ernsthaft vermögend ist, viel reist und sich fachkundige Hilfe holen und leisten kann, sollte für Kauf und Lagerung seines Golds das Ausland in Erwägung ziehen. Dies macht allerdings nur dann Sinn, wenn man sich aus einer mehr oder weniger fragwürdigen, unzuverlässigen Jurisdiktion in einen anlegerfreundlicheren Rechtsrahmen bewegt. Wer es für wahrscheinlich hält, dass seine Regierung eines Tages ein Verbot des privaten Goldbesitzes verhängt und durchsetzt, der sollte sich, Mittel und Möglichkeiten vorausgesetzt, umschauen, und zwar rechtzeitig. Stehen Kapitalkontrollen erst einmal auf der politischen Agenda (wie zuletzt in Griechenland), ist es möglicher-weise zu spät.

Destinationen, die aus heutiger Sicht für die Verwahrung von Goldbeständen als besonders verlässlich gelten, sind unter anderem Hongkong, die Schweiz und Singapur. (Ob sie auch in 20 Jahren noch »sichere Häfen« für Gold sein werden, weiß leider niemand.)

Wenn eine (Teil-)Verlagerung Ihres Edelmetallvermögens für Sie infrage kommt, sollten Sie sich unbedingt von einem auf dieses Thema spezialisierten Experten beraten lassen, etwa einem versierten Vermögensberater oder einer Bank am Zielort. Auch einige seriöse Edelmetallhändler bieten die Verwahrung von Edelmetall in **Zollfreilagern** im Ausland an und können mit großer Wahrscheinlichkeit helfen.

Besprechen Sie mit Ihrer **Hausratversicherung**, in welchem Umfang Ihr Edelmetall gegen Diebstahl und Verlust abgesichert ist und welche Vorsichtsmaßnahmen Sie ergreifen müssen, um im Fall der Fälle geschützt zu sein. Normalerweise sind Bargeld und Goldmünzen über eine solche Versicherungspolice abgedeckt, allerdings nur in kleinen Mengen.[119] Ihre Versicherungsgesellschaft kann Ihnen auch Hinweise geben, welche Sicherungsmaßnahmen Sie ergreifen sollten – von brauchbaren Türschlössern über Fensterverriegelungen bis hin zu empfehlenswerten Anbietern von Tresoren und Alarmanlagen.

Wenn Sie Wertsachen in einem Schließfach bei Bank oder Sparkasse einlagern, sind diese mit einer guten Hausratversicherung oder über eine Versicherung durch das Finanzinstitut vor Verlust geschützt.

Es ist empfehlenswert, Ihre unersetzlichen Dokumente und Wertsachen – also auch Edelmetall – zu **fotografieren** und zu **dokumentieren**.

Zuletzt eine Aufbewahrungsidee, die im ersten Moment für viele verrückt klingen muss: Unter Umständen ist es kein völlig abwegiger Gedanke, Ihr Edelmetallschätzchen an geeignetem Ort einfach in der Natur zu **vergraben** oder zu verstecken. Für Städter wird das zwangsläufig schwieriger sein als für Leute, die auf dem Land leben. Wer aber in einer relativ menschenleeren Gegend wohnt, vielleicht sogar ein bisschen Land besitzt, könnte durchaus darüber nachdenken. Der entscheidende Vorteil dieser Lagerungsmethode: Sollte eines Tages alles drunter und drüber gehen und der Privatbesitz von Gold verboten werden (Kapitel 4), ist es denkbar – sogar recht wahrscheinlich –, dass Bankschließfächer unzugänglich sind oder von den Behörden geprüft werden (und Ihr nicht ausgehändigtes Gold beschlagnahmt). Auch Hausdurchsuchungen und Razzien sind, wie die Finanzgeschichte gezeigt hat, in so einer Situation denkbar, auch wenn das aus heutiger Sicht bizarr klingen mag. Das Vergraben eines Schatzes kostet nur etwas Muskelkraft und Zeit, aber keine Gebühren. Die Kosten für einen Tresor und dessen Einbau oder Miete sparen sie obendrein.

Vorsichtsmaßnahmen sind bei dieser naturnahen Lösung selbstverständlich Pflicht. Sie sollten, wenn Sie diese Methode wählen, diskret vorgehen und nur zur Tat schreiten, wenn Sie garantiert nicht gesehen werden, beispielsweise nachts. Ihren Schatz in der freien Natur müssen Sie vor neugierigen Wildtieren, Hunden, Dieben und Naturgewalten (zum Beispiel Starkregen und Überschwemmungen) schützen. Und für den Fall, dass Sie einen folgenreichen Unfall erleiden, pflegebedürftig oder wirr werden oder gar sterben, muss eine vertrauenswürdige Person von Ihrem Versteck wissen. Es hat einen guten Grund, dass Schatzkarten in vielen Piratenfilmen eine zentrale Rolle spielen.

7. Alternative Goldanlagen

Goldaktien

Viele Deutsche halten Gold für spekulativ, sodass sie es lieber nicht besitzen wollen – schließlich könnte der Goldpreis auf Eurobasis fallen. Noch viel mehr Menschen halten Aktien für krudes Teufelszeug, weil die Kurse einbrechen, die Börsen wieder einmal einen Crash hinlegen und Stress verursachen könnten. Dass die Kombination dieser beiden Anlagen, Gold *und* Aktie, für die meisten in eine Tabuzone fällt, ist die Folge. Dieser Abschnitt über **Goldminenaktien** – also Aktien von Unternehmen, die hauptsächlich Gold und andere Edelmetalle produzieren – soll kein Versuch sein, die Allgemeinheit für dieses Börsensegment zu gewinnen. Goldaktien sind und bleiben überdurchschnittlich riskant und extrem volatil. Ihre Kurse schwanken also sehr stark, und ich meine: sehr. Ich kenne wenige Anleger, die in jüngerer Zeit damit glücklich geworden sind – und obwohl ich selbst hier und jetzt aus guten Gründen Goldaktien besitze, finde ich sie anstrengend und ausgesucht irritierend. Dennoch sind sie für einige, eine kleine Minderheit, nicht per se schlecht.

Um eine Vorstellung zu bekommen, um welche Unternehmen es geht, hier eine Übersicht, welche zehn der größten[120] **börsennotierten Goldunternehmen** der Welt mit ihrer jeweiligen Wertpapierkennnummer (»WKN«, braucht man beim Börsenhandel) und ihrer Marktkapitalisierung (dem Firmenwert) auflistet. (Eine kurze Einführung in Aktien und den Kauf von Wertpapieren folgt im Anschluss.)

Name	Land	Wertpapierkenn- nummer (WKN)	Börsenwert in Mrd €
Agnico Eagle	Kanada	860 325	4,8
AngloGold Ashanti	Südafrika	164 180	3,0
Barrick Gold	Kanada	870 450	7,0
Goldcorp	Kanada	890 493	10,0
Gold Fields	Südafrika	856 777	2,0
Kinross Gold	Kanada	A0D M94	1,8
Newcrest Mining	Australien	873 365	6,1
Newmont Mining	USA	853 823	7,5
Randgold Resources	Großbritannien/ Südafrika	A0B 5ZS	4,9
Yamana Gold	Kanada	357 818	1,5
Quelle: finanzen.net, Stand: Herbst 2015			

Tabelle 7: Börsennotierte Goldunternehmen

Die Liste ist eine subjektive, verzerrte **Auswahl**: Ich habe mich auf Unternehmen in vier »westlichen« Ländern – Australien, Kanada, Südafrika und die Vereinigten Staaten – beschränkt. Dies aus dem Grund, dass in den genannten Jurisdiktionen die Geschäftsbücher und -zahlen von Unternehmen in der Regel transparent und verlässlich sind und ihre Manager haftbar gemacht werden können. Es gibt darüber hinaus Dutzende weitere börsennotierte und/oder staatlich gelenkte Goldunternehmen in der Welt, von denen viele ähnlich groß sind, etwa in China und Russland. Politische Risiken und Zahlengemauschel können Goldmineninvestments in solchen Ländern allerdings noch riskanter machen, als sie es ohnehin schon sind.[121]

Das Interessanteste an der Liste: *Zusammengenommen* sind diese zehn Unternehmen zurzeit deutlich weniger wert als beispielsweise der deutsche Autobauer BMW und nur wenig mehr als Continental, ein Zulieferer der Automobilbranche. Während der Goldpreis auf Dollarbasis in den vergangenen vier Jahren um ein gutes Drittel gefallen ist, haben viele der genannten Aktien im gleichen Zeitraum mehr als 90 Prozent an Wert verloren und ihren Besitzern – jedenfalls jenen, die verkauften – fast einen Totalverlust beschert. Die Aktionäre von Goldminenunternehmen haben sich in der jüngeren Vergangenheit also nicht gelangweilt. Immerhin.

Dieses Phänomen nennt man an der Börse **Hebel** (oder englisch: Leverage), ein Merkmal von Goldaktien. Der Begriff bedeutet, dass die Kurse von Goldunternehmen tendenziell stärker ausschlagen als der Goldpreis selbst. Steigt beispielsweise der Goldpreis um zehn Prozent, könnten die Aktienkurse dieses Segments um 20 oder 30 Prozent anziehen (und umgekehrt).

Fangen wir mit dem Erfreulichen an: den **Vorteilen**, die Goldminenaktien mit sich bringen:

- Tendenziell **bewegen sich** die Kurse von Goldaktien **mit dem
  Goldpreis.** Wer also daran glaubt (wie ich), dass Gold langfristig im Wert steigen wird, bringt normalerweise auch ein
  gewisses Grundinteresse an Unternehmen mit, die Gold aus
  der Erde holen. Das Wort »tendenziell« ist allerdings mit Be-
  dacht gewählt – was ich in wenigen Sekunden näher ausführe,
  wenn es um die Nachteile dieser Anlageform geht.

- Goldaktien können den Edelmetallanteil eines Vermögens als
  Beimischung ergänzen, im Sinne einer Diversifizierung (Risikostreuung).

- Viele Goldproduzenten (allerdings keineswegs alle) schütten
  regelmäßig **Dividenden** an ihre Aktionäre aus, erwirtschaften
  also über die Kursentwicklung hinaus eine Rendite. Üblicherweise passiert das bei Gesellschaften dieses Segments einmal
  im Quartal (vierteljährlich) oder einmal im Halbjahr. Im Vergleich mit anderen Branchen – ich denke zum Beispiel an Phar-
  ma, Telekommunikation oder Automobil – liegt die jährliche
  Dividendenrendite (quasi die Verzinsung des investierten Kapitals) relativ niedrig. Ein Wert zwischen ein und zwei Prozent
  ist für börsennotierte Goldunternehmen typisch. Übersehen
  darf man dabei natürlich nicht, dass eine Dividendenrendite
  von 1,5 Prozent praktisch bedeutungslos ist, wenn gleichzeitig
  der Kurs der zugrunde liegenden Aktie um 80 Prozent abstürzt.

- Der Kauf von Gold- und anderen Aktien ist **einfach** und **günstig**, kostet also, sofern man keine fahrlässigen Fehler begeht, nur geringe Gebühren. Wer Onlinebanking nutzt, kann Aktien von jedem Rechner, Tablet oder Smartphone der Welt aus kaufen. Wenn man einmal weiß, wie es geht, dauert die Transaktion wenige Sekunden.

Wer an dieser Stelle das Gefühl hat, dass diese Punkte ganz nett sind, allerdings nicht von überwältigender Überzeugungskraft: ja, stimmt. Insgesamt spricht vieles für physisches Gold und eher wenig für Gold*aktien*. Die **Nachteile** dieser Anlageklasse sind beträchtlich und können jeden Anleger viel Geld (und Nerven) kosten.

- Die Aktien von goldproduzierenden Gesellschaften sind **außerordentlich riskant**. Die Betonung liegt auf »außerordentlich«. Wer schon bei relativen Langweilerpapieren – sagen wir Telekommunikations- oder Konsumgüteraktien – zappelig wird und nicht schlafen kann, dessen Verhalten dürfte bei Goldaktien hysterische Züge annehmen. Der Goldpreis ist so volatil, dass es aufreibend sein kann. Aktienkurse können von Tag zu Tag – selbst im Lauf eines einzigen Tages – erhebliche Kurskapriolen hinlegen. Die *Kombination* aus Gold und Aktie ist also extrem sportlich, und man wird sich in diesem Anlagesegment auf keinen Fall langweilen. Das strapaziert die Gemütslage in der Regel allerdings mehr als Münzen und Barren, die einfach irgendwo liegen und der Zukunft harren, und ist nicht jedermanns Sache.

- Die wichtigste Variable, die über den Kurs von Goldminenaktien entscheidet, ist nicht der (erwartete) Goldpreis, sondern der (erwartete) **Unternehmensgewinn.** Der wird vom Goldpreis zwar massiv beeinflusst, aber auch von vielen anderen Faktoren. Einer der wichtigsten ist die Qualität des **Managements** – und das kann inkompetent sein und eine falsche Entscheidung nach der anderen treffen. Unternehmen können milliardenschwere Großprojekte, in der Regel die Erschließung neuer Minen, vermasseln. Sie können Schulden aufhäufen. Sie können ihre Goldproduktion auf Jahre hinaus so unglücklich im Voraus verkauft haben (»hedgen«), dass sie nicht einmal von steigenden Goldpreisen profitieren. Das kanadische Unternehmen Barrick Gold beispielsweise, einer der größten Goldproduzenten der Welt, hat all diese Kunststücke fertiggebracht.[122] Die Profitabilität von Goldminen hängt von zahlreichen weiteren Faktoren ab, von **Öl-** und **Energiepreisen** über **Umweltschutzauflagen** hin zu den **geologischen** Besonderheiten und Risiken einer Mine und den jeweiligen **Gesetzen** und **Steuerregeln** des Landes, in dem die Minen liegen. Kurz: In erster Linie besitzt man mit Goldaktien kein Gold, sondern ein Unternehmen. Eine Situation ist durchaus denkbar, in der der Goldpreis deutlich steigt, der Aktienkurs eines Goldunternehmens dagegen deutlich *fällt.* Tja. Das ist dann blöd.

- Goldminen können **pleitegehen** und Aktionäre ihr eingesetztes Kapital komplett verlieren. Mit Goldmünzen und -barren ist das unmöglich.

- Goldminenfirmen können, wie andere Unternehmen auch, von ihren Regierungen **enteignet** werden, also verstaatlicht. Für Aktionäre ist das eine Katastrophe. Sie erhalten oft (aber nicht immer) eine Entschädigung für ihre Aktien. Die wird in der Regel aber alles andere als großzügig oder auch nur fair ausfallen: Staatsführungen machen das Recht und können ihre eigenen Regeln aufstellen. In den meisten Ländern des wirtschaftsliberalen Westens – ich denke an Kanada, Australien und die USA – sind Enteignungen heutzutage schwer vorstellbar. Wenn Finanzsysteme ins Wanken geraten und reformiert werden müssen, sind drastische Politikmaßnahmen allerdings die Regel, nicht die Ausnahme. Selbst die USA sind, wie viele weitere Staaten, heute verschuldeter denn je und können jederzeit eine neue Krise des Finanzsystems erleben. Sollte es irgendwann zu einer Neuaufstellung des globalen Finanzsystems kommen – vielleicht sogar als goldbasiertes System –, läge es im Interesse vieler Regierungen, die Lieferanten dieser Währungsbasis, goldproduzierende Unternehmen, zu kontrollieren.

Was für westliche Staaten gilt, gilt umso mehr für heute schon wirtschaftlich angeschlagene Regierungen. Man denke an Südamerika, wo die argentinische Regierung unter Präsidentin Cristina Fernández de Kirchner sich für keine wirtschaftspolitische Torheit zu schade war – und pleite obendrein.[123] Argentinien besitzt eine Fülle von Gold- und anderen Minen und hat in der Vergangenheit bereits bewiesen, dass es keine Scheu vor der Verstaatlichung von Rohstoffunternehmen hat.[124] Die Regierungen von Simbabwe und Venezuela verhalten sich ähnlich. Auf absehbare Zeit brauchen sich Aktionäre von Goldunternehmen in den meisten westlichen Jurisdiktionen nicht vor einer Enteignung zu fürchten. Sie sollten diese Möglichkeit aber stets im Hinterkopf behalten. Wenn Geld stirbt und der Goldpreis von Rekord zu Rekord eilt, werden Goldminen Begehrlichkeiten wecken. Kollabiert eine Währung, ist Gold Trumpf – selbst wenn es tief im Berg ruht und erst noch abgebaut werden muss.

Die Gruppe derjenigen, die über den Kauf von Goldaktien nach-denken sollten, ist klein. Wenn Sie dies lesen und sich noch nie in Ihrem Leben mit Aktien beschäftigt haben – auch noch nie eine Aktie besaßen –, können Sie getrost davon ausgehen, dass Gold-aktien definitiv nichts für Sie sind. Wer andererseits börsen- und aktienerfahren ist, umsichtig bei seinen Transaktionen und gelas-sen im Auf und Ab der Finanzmärkte, bringt bessere Vorausset-zungen mit und ist potenziell ein Kandidat. Verfügt er außerdem auch noch über ein recht großes Vermögen, könnten Goldaktien eine sinnvolle Beimischung in seinem Depot abgeben.

Beispiel: Angenommen, ein aktienaffines Ehepaar hat eine Mil-lion Euro an liquidem Vermögen, das es für die Kapitalanlage nutzt – also eine Million Euro über Immobilienbesitz, Le-bensversicherungen, Rentenansprüche und Ähnliches hinaus. (Das mag jetzt für viele abgehoben klingen: Wer, bitte, ist so reich!? Richtige Antwort: eine kleine prozentuale Minderheit in Deutschland, aber in absoluten Zahlen mehrere Hunderttau-send Bundesbürger.[125])

Sollte das Ehepaar sich entscheiden, zehn Prozent dieses verfügbaren Vermögens auf die eine oder andere Weise in Gold zu investieren, entspräche der Goldanteil ihres Depots 100 000 Euro – also immer noch einem beträchtlichen Betrag. Wenn sie davon drei Viertel (75 Prozent) in **Barren und Münzen** und ein Viertel (25 Prozent) in **Aktien** der am besten gemanagten Goldaktien[126] steckten, würden sie meiner Meinung nach nichts falsch machen. Es versteht sich, dass dies nicht mehr als eine grobe Orientierungshilfe sein kann. Sie könnten natürlich auch alles Geld in physisches Gold stecken – aber wer Aktien mag: nur zu.

Fonds, ETFs, ETCs und Zertifikate

Neben Aktien gibt es weitere Wertpapiere, mit deren Hilfe Anleger auf Edelmetalle setzen können – was leider, wie die Überschrift zeigt, mit einem gewissen Buchstabenwirrwarr einhergeht.

Um es vorwegzunehmen: Ich halte keines der folgenden Wertpapiere für besonders empfehlenswert, wobei einige (insbesondere physisch hinterlegte ETCs) weniger unattraktiv sind als andere. Dennoch ist es hilfreich, diese Goldalternativen zu kennen und zu verstehen. Für den einen oder anderen Anleger – insbesondere den erfahreneren – können sie durchaus ins Depot passen.

Fonds

Das Prinzip von Fonds, auch Investmentfonds genannt, ist einfach nachzuvollziehen: Eine Fondsgesellschaft oder ein Finanzinstitut nimmt das Geld von vielen verschiedenen Anlegern entgegen und mehrt es nach allen Regeln der Kunst, indem es investiert – beispielsweise in Aktien, Anleihen oder Immobilien. Gold- oder Goldminenfonds investieren gezielt in die Aktien von Goldproduzenten und in andere edelmetallbasierte Anlagen.

Das ist legitim und hat für Fondssparer eine ganze Reihe von **Vorteilen**. Sie bieten auch Sparern ohne sensationell großes Vermögen eine **professionelle Vermögensverwaltung** und nehmen ihnen die oft als mühsam oder undurchsichtig empfundene Aufgabe ab, sich selbst um ihr Geld kümmern zu müssen. Sie verteilen das **Risiko** auf zahlreiche verschiedene Anlagen und mindern es dadurch. Fonds sind **transparent** und einfach zu verstehen. Und sie stellen insofern eine **sichere** Anlageform dar, als das Geld der Sparer selbst bei der Pleite einer Fondsgesellschaft oder Bank geschützt ist, weil es rechtlich als sogenanntes Sondervermögen gilt. (Natürlich kann aber der Wert der Fondsanteile fallen, wenn das Management einen schlechten Job macht.)

Alles sehr schön – doch die **Nachteile** wiegen diese Vorzüge mehr als auf. In Deutschland liegen die Gebühren vieler klassischer Fonds heute sehr hoch. Wer Fondsanteile kauft, zahlt zum Auftakt in der Regel den sogenannten **Ausgabeaufschlag**. Dessen Satz variiert, liegt bei Aktienfonds typischerweise aber in der Spanne von drei bis sechs Prozent. Wer zum Beispiel 5000

Euro investiert, wird vom Fondsanbieter also mit einem entzückenden Sofortverlust von 150 bis 300 Euro begrüßt, der erst einmal wieder auf dem Weg der cleveren Geldanlage zurückverdient werden muss. Zweitens fallen laufend **Management- und Verwaltungsgebühren** an, die üblicherweise zwischen ein und zwei Prozent pro Jahr liegen, manchmal sogar noch höher. Drittens lassen sich viele Fondsgesellschaften zusätzlich eine **Erfolgsbeteiligung** ausschütten – für den Fall, dass sie Erfolg haben. (Bei Misserfolg erhält der Anleger kein Geld zurück.) Diese Provisionsstruktur ist der Hauptgrund, warum Fonds eine tolles Geschäftsmodell und eine fantastische Geldmaschine sind – allerdings nicht für Anleger, sondern für die Anbieter und ihre bestens bezahlten Manager. Sie erwirtschaften extrem viel Geld auf Kosten ihrer Kunden. Der Einzige, der mit Fonds garantiert eine hohe Rendite erzielt, ist die Fondsgesellschaft.

Zahlreiche Untersuchungen haben zudem bestätigt, dass die meisten Fondsmanager einen enttäuschenden Job machen. Ihre Investments schneiden schlechter ab als der jeweilige Vergleichsindex, an dem sie sich messen lassen müssen. Anleger zahlen als nicht nur horrende Gebühren, sondern erzielen statistisch auch noch eine **schlechte Rendite**.

Last but not least fällt bei Fondsanlagen, die einen Gewinn erzielen (was ja der Punkt ist), die **Abgeltungssteuer** an, während die Gewinne aus physischem Gold nach einer Haltedauer von einem Jahr steuerfrei sind (Kapitel 8).

Aus diesen Gründen sind Goldfonds aus meiner Sicht generell uninteressant. Goldanleger sollten vor allem auf physisches Gold setzen. Wer darüber hinaus an goldproduzierenden Unternehmen beteiligt sein will, kann einen kleineren Teil seines Vermögens direkt in Goldminenaktien stecken. Das kostet minimale Gebühren und bringt mitunter regelmäßig (wenngleich kleine) Dividenden.

Wer dennoch partout in Goldfonds investieren will: In Finanzzeitschriften und im Internet sind Übersichten und aktuelle Ranglisten mühelos zu finden.

ETFs und ETCs

Vor allem dank günstigerer Gebühren sind **Exchange-Traded Funds,** ETFs abgekürzt, interessanter als klassische Fonds. Der auch in Deutschland geläufige englischsprachige Begriff bedeutet in wörtlicher Übersetzung »börsengehandelte Fonds«. Sie folgen oft (aber nicht immer) einem Index, werden also nicht »aktiv« gemanagt, sondern »passiv«.

Ein Ausgabeaufschlag wie bei Fonds fällt beim Kauf von ETFs nicht an. Stattdessen gibt es einen An- und einen Verkaufskurs; die Differenz heißt im Börsenjargon **Spread** (engl. »Spanne«). Die jährlichen **Managementgebühren** sind deutlich niedriger als bei aktiv gemanagten Fonds; eine Erfolgsbeteiligung der Fondsgesellschaft entfällt. Das ist ein klarer Vorteil gegenüber klassischen Investmentfonds.

In der Praxis sind ETFs für viele Anleger – vor allem jene, die noch nicht allzu viel Börsenerfahrung gesammelt haben – eine verzwickte Angelegenheit. Der Teufel steckt, wie stets beim Investieren, im Detail, und die scheinbar kleinen Details können im Ergebnis einen schockierend großen Unterschied machen.

Dies gilt in besonderem Maße für Edelmetall-ETFs, von denen es verschiedene Typen gibt.

Einige bilden einen **Index von Goldminenaktien** und anderen Unternehmen der Edelmetallbranche ab. Wer sich so etwas ins Depot holt, ist also (mit jeweils sehr kleinem Anteil) an vielen verschiedenen Goldproduzenten beteiligt. Das hat, wie oben im Abschnitt über Goldaktien bereits beschrieben, Vor- und Nachteile.

Andere folgen den Notierungen von **Gold-Futures**. Das klingt für manche Privatanleger unheimlich und unverständlich. Futures sind allerdings völlig normale, alltäglich eingesetzte Instrumente an den Finanzmärkten, die den Preis von zahllosen Gütern, Wertpapieren und Kennzahlen zu bestimmten Zeitpunkten in der Zukunft ermitteln und handelbar machen. Derartige ETFs sind eine Wette auf den Gold*preis*. Mit einem Investment in physisches Gold haben sie nichts zu tun. Der Großteil der Privatanleger in Deutschland kann prima ohne diese Anlageform auskommen.

Drittens gibt es börsengehandelte Fonds, die direkt in Gold investieren. Der mit Abstand wichtigste Punkt dabei: Ist ein ETF **physisch besichert** oder nicht? Die physische Besicherung bedeutet, dass das Management des Fonds das Kapital der Anleger – zumindest den allergrößten Teil – tatsächlich in Goldbarren steckt und diese einlagert. Das Geld ist also mit physisch vorhandenem Gold gedeckt, was eine gewisse Sicherheit verspricht. Oft werden derart gesicherte Fonds auch **Exchange-Traded Commodities (ETCs)** genannt, wörtlich übersetzt: »börsengehandelte Rohstoffe«. Aber Achtung: Die Übergänge zwischen ETFs und ETCs sind fließend und verwirrend. Mal wird besichert, mal nicht, und die Spielregeln der physischen Goldhinterlegung variieren. Wer sich für Gold-ETFs und -ETCs interessiert, muss also umfangreich recherchieren und das Kleingedruckte – ja: sämtliche Seiten – studieren und verstehen, bevor eine umsichtige Entscheidung möglich ist.

Zwei in Deutschland relativ bekannte und gefragte ETCs sind das sogenannte Xetra-Gold und Euwax-Gold.

- **Xetra-Gold**, ein Anlagekonzept der Deutschen Börse, wird direkt und kostengünstig an einer Börse gekauft, wobei der Kurs eines Anteils dem Wert von einem Gramm Gold (in Euro) entspricht. Die Wertpapierkennnummer (WKN) lautet A0S 9GB, die Internationale Wertpapieridentifikationsnummer (ISIN) DE 000 A0S 9GB 0. Xetra-Gold-Sparer können sich den auf sie entfallenden Anteil am Goldschatz ausliefern lassen – verspricht jedenfalls der Emittent, die Deutsche Börse, eine Aktiengesellschaft. Die Versandkosten sind erheblich und werden vom Empfänger getragen. Sie liegen laut Deutscher Börse bei mehr als 300 Euro für einen Kilobarren, sofern innerhalb Deutschlands geliefert wird. Wer sein Gold nach Großbritannien liefern lässt, ist mit mehr als 5000 Euro dabei.

- **Euwax-Gold**, von der Börse Stuttgart emittiert, funktioniert ähnlich. Die WKN lautet EWG 0LD, die ISIN DE 000 EWG 0LD 1. Eine Auslieferung ist ab 100 Gramm möglich.

- Darüber hinaus gibt es weitere Gold-ETCs, zum Beispiel **db Physical Gold ETC** von der Deutschen Bank (WKN: A1E

0HR, ISIN: DE 000 A1E 0HR 8). Bei diesem Wertpapier entspricht ein Anteil einer Zehntelunze Feingold (also rund 3,1 Gramm). ETCs für **Silber, Platin** und **Palladium** sind ebenfalls erhältlich.

Manche Leser dürften angesichts dieser Fülle an Informationen verwirrt sein und sich fragen, ob derart komplizierte Finanzprodukte (jedenfalls für Normalsparer) im wirklichen Leben eine Rolle spielen müssen. Schließlich könne man doch, wenn man Gold haben wolle, einfach in ein Edelmetallgeschäft gehen und es kaufen. Richtig. Bei der Geldanlage gilt die Faustregel: Je komplizierter ein Investment, umso intransparenter und riskanter wird es. Selbst physisch besicherte ETFs und ETCs weisen erhebliche Schwachstellen auf, die sich diejenigen, die sie in Erwägung ziehen, klarmachen müssen.

Erstens versprechen die Anbieter von physisch hinterlegtem Gold zwar, dass sie das Gold ihrer Kunden bei Bedarf ausliefern lassen – was gut und so wunderbar risikolos klingt. (»Geht das Finanzsystem unter, klingelt der Bote am nächsten Morgen mit meinen Goldbarren an der Haustür.«) Allerdings handelt es sich nur um ein **Versprechen**, dessen Belastbarkeit offen ist. Wenn in der nächsten finanzsystemischen Krise Banken, Finanzdienstleister und Staaten zahlungsunfähig werden – ja, was dann? Dass Ihr Gold dann wie bestellt geliefert werden wird, wage ich zu bezweifeln – nicht zuletzt, weil dann Panik ausbricht und alle anderen ihr Edelmetall plötzlich auch zu Hause haben wollen.

In einer Krise können auch die Emittenten und Bewirtschafter von ETCs verschwinden, also untergehen. Da diese Anlageformen rechtlich eine sogenannte **Inhaberschuldverschreibung** darstellen, besteht für ihre Kunden ein **Emittentenrisiko**. In der Praxis heißt das: Gut möglich, dass der Goldpreis durch die Decke geht – aber wenn der Emittent Ihres Goldwertpapiers insolvent wird, haben Sie nichts davon. Schlimmer noch: Sie könnten einen Totalausfall erleben. »Die ETCs sind letztendlich auch nur Anleihen«, meint Philipp Vorndran von der Vermögensverwaltung Flossbach von Storch, »mögen sie gegen das Insolvenzrisiko des Emittenten nun besichert sein oder nicht, mögen sie ein Auslieferungsrecht beinhalten oder nicht. Ein kluger Investor möchte, wenn immer möglich, das Metall physisch besitzen. Es ist ja ganz einfach: Stellen Sie sich vor, Sie sind auf der *Titanic* nach dem Rammen des Eisbergs. Jemand gibt Ihnen die Wahl zwischen einem Rettungsboot und einem Anspruchsschein auf spätere Lieferung eines Rettungsbootes. Wofür entscheiden Sie sich?«[127] Dass das Versprechen, Gold bei Verlangen zu liefern, hohl ist, zeigten die niederländischen Bankhäuser ABN Amro und Rabobank 2013. Sie stellten bei physisch hinterlegten Wertpapieren die versprochene Lieferung ein.

Zweitens sollten ETC-Interessenten gründlich recherchieren, wie die **Lieferung** ihres Golds im Fall der Fälle praktisch ablaufen würde. Ab welcher Menge ist der Versand möglich? Wie schnell geht es? Und welche Kosten fallen für den Empfänger an? Diejenigen, die Gold aus Furcht vor einem globalen Finanzdesaster kaufen – als Versicherung also –, sollten sich an dieser Stelle keinen naiven Illusionen hingeben. Wenn das globale Finanzsystem wankt und Banken und Börsen schließen, ist es eben nicht sicher, ob deren Verträge und Zusagen noch gelten. Das wäre so, als würde man beim Weltuntergang darauf vertrauen, dass es beim Bäcker am nächsten Morgen frische Brötchen gibt, die Züge pünktlich fahren, der Strom aus der Steckdose und der Postbote pünktlich vormittags um elf kommt. Möglich. Aber mit hundertprozentiger Wahrscheinlichkeit?

Zertifikate

Zertifikate stellen eine in Deutschland ausgesprochen **beliebte Anlageklasse** dar. Sie umfasst eine schlicht unübersehbare Fülle von Wertpapieren – insgesamt mehr als 400 000 *verschiedene*[128], jeweils mit eigenen Spielregeln. Fast täglich kommen neue hinzu.

Ihrem Wesen nach sind Zertifikate sogenannte **Derivate**. Ihr Wert leitet sich also von einer anderen Börsenkennziffer ab (lat. »derivare«: ableiten), beispielsweise von einem Börsenindex, einer Währung oder eben vom Goldpreis. Sie können befristet oder »endlos« (so der Fachbegriff) laufen – beziehungsweise so lange, bis der Emittent sie einstellt.

Im Hinblick auf Gold bergen auch Zertifikate Fußangeln für Investoren, nicht anders als Investmentfonds, ETFs und ETCs.

- Auch Zertifikate sind in der Regel Inhaberschuldverschreibungen, bringen also ein **Emittentenrisiko** mit sich. Geht der Herausgeber pleite, wird das Zertifikat mit großer Wahrscheinlichkeit wertlos.[129] Dass das mehr als ein theoretisches Risiko ist, haben ab Herbst 2008 Zehntausende Kleinanleger in Deutschland erfahren, die in von der US-Investmentbank Lehman Brothers in Umlauf gebrachte Zertifikate investiert hatten. Das Emittentenrisiko ist wichtig: Viele Goldanleger wollen sich ja mit Edelmetall gezielt gegen finanzsystemische Krisen absichern. Gerade in finanzsystemischen Krisen gehen viele Banken, die wichtigsten Herausgeber von Zertifikaten, aber pleite. Insofern sind Zertifikate, die auf Gold und den Goldpreis setzen, Papiergold – und damit problematisch.

- Hinzu kommt, dass Goldzertifikate am Ende – also bei einem Verkauf oder einer Einstellung des Vertriebs durch den Emittenten – üblicherweise in Euro oder US-Dollar abgerechnet werden, also in **Fiatwährungen**, die man mit einem Goldengagement möglicherweise gerade meiden wollte.

Diese Besonderheiten machen Zertifikate für all jene Goldanleger, die für den großen Krisenfall – also das finanzsystemische Risiko – vorsorgen wollen, ungeeignet. Einen zweiten Blick wert sind sie nur für diejenigen, die Gold nicht aus Gründen der Vermögenssicherung halten, sondern die für eine gewisse Zeit – eher kurz- und mittelfristig – auf den Goldpreis wetten wollen, also bewusst spekulieren. (Was für viele schäbig klingt, aber an und für sich natürlich legitim ist. Auch der Besitz von Fiatgeld ist eine Spekulation: eine Wette darauf, dass Papiergeld werthaltig bleiben wird.)

Die meisten Sparer, die in normalen Vermögensverhältnissen leben, kommen bestens ohne Goldalternativen in Form von Zertifikaten, Fonds, ETFs oder ETCs aus. Diese Anlageformen bieten wenige Vorteile gegenüber dem Kauf physischen Golds und sie bergen beträchtliche Risiken.

So kauft man Aktien und andere Wertpapiere

Der Kauf von Aktien ist nicht schwierig. Die Zahl der Bundesbürger, die an börsennotierten Unternehmen beteiligt sind, ist allerdings relativ übersichtlich – ihr Anteil an der Gesamtbevölkerung liegt je nach Studie üblicherweise in der Spanne zwischen fünf und zehn Prozent. Die große Mehrzahl der Deutschen ist daher mit der praktischen Seite des Aktienhandels nicht vertraut. Wer erstmals Aktien kaufen will, sollte sich, bevor er zur Tat schreitet, gründlich **informieren**, um kostspielige, aus Naivität oder Fahrlässigkeit begangene Fehler zu vermeiden. Hilfe finden Neubörsianer bei jeder Bank oder Sparkasse sowie in zahllosen Büchern, auf Webseiten und in den Printmedien.[130]

Die wichtigsten **sieben Punkte** hier im Überblick, die eine tiefgründigere Beschäftigung mit dem Thema nicht ersetzen können, aber dem einen oder anderen Novizen eine erste Orientierungshilfe geben sollen – nicht weniger, nicht mehr:

- Wer Geld bei einer Bank oder Sparkasse aufbewahren will, braucht ein Konto; wer Aktien oder andere Wertpapiere erwerben will, ein sogenanntes **Depot**. Es hat, wie jedes Konto auch, eine Nummer, die die eindeutige Zuordnung von Vermögenswerten erlaubt. Jedes Depot ist normalerweise mit einem Konto verknüpft, über das Wertpapierkäufe und -verkäufe abgerechnet werden.

- **Dividendenzahlungen** gehen, sofern ein Unternehmen Dividenden ausschüttet, auf diesem Konto ein. Dies geschieht so gut wie immer automatisch. Man muss also nichts unternehmen, um als Aktionär einer Firma die regelmäßige Gewinnbeteiligung zu erhalten.

- Fast jede Bank oder Sparkasse kann ein Depot führen – sowie natürlich die im Internet vertretenen Institute. **Onlinedepots** sollten, wann immer möglich und praktikabel, erste Wahl sein. In der Regel kosten sie **keine Jahresgebühr,** und die **Transaktionsgebühren,** die beim Kauf und Verkauf von Wertpapieren anfallen, sind relativ niedrig. Dabei gilt: Alles, was über den persönlichen Kontakt zu einem Mitarbeiter der Bank läuft, erhöht die Gebühren erheblich.

- Jedes Wertpapier – also auch jede Aktie – hat zwei Nummern, mit deren Hilfe es identifiziert werden kann. Die erste ist die sogenannte **Wertpapierkennnummer,** abgekürzt: **WKN.** Sie ist immer sechsstellig und besteht aus Ziffern und/ oder Buchstaben. Die Aktie des kanadischen Goldminenunternehmens Goldcorp hat beispielsweise die WKN 890 493. Die zweite Kennziffer ist die sogenannte International Securities Identification Number, kurz **ISIN,** zu deutsch Internationale Wertpapieridentifizierungsnummer. Bei Goldcorp lautet sie CA 380 956 409 7. (»CA« steht dabei für Kanada.) Wer sich entschieden hat, Aktien eines Unternehmens zu kaufen (oder natürlich zu verkaufen), braucht dafür die WKN *oder* die ISIN. Beide Kennzahlen sind mühelos im Internet oder in anderen Medien (etwa im Finanzteil der Tages- und Wirtschaftspresse) zu recherchieren.

- Bei Kauf und Verkauf von Aktien ist es fast immer sinnvoll, Aufträge (»Orders«) zu **limitieren**. Dieses Limit legt fest, zu welchem Preis man zu kaufen oder verkaufen bereit ist. Macht man an dieser Stelle keine Angabe, wird ein Auftrag üblicherweise »bestens« oder »billigst« an den Börsen ausgeführt – und »bestens« heißt noch lange nicht »ideal«, »billigst« nicht »billig«. Das gilt insbesondere für marktenge Aktien, von denen im normalen Börsengeschäft nicht allzu viele Stück umgehen, die also selten gehandelt werden. Wer bei solchen Wertpapieren »billigst« kauft, kann einen unglücklich hohen Preis zahlen (oder bei einem »Bestens«-Verkauf weniger Geld als erwartet erlösen).

- Man kann jede Aktie an **verschiedenen Börsen** in Deutschland und im Ausland erwerben – so, wie man Tomaten auf Wochenmärkten, im Bioladen, im Supermarkt und an vielen anderen Orten kaufen kann. Die Börse Frankfurt (in Frankfurt am Main) ist de facto die deutsche Leitbörse. Darüber hinaus gibt es verschiedene Handelsplätze, insbesondere bei Onlineanbietern, die »außerbörslich« agieren. Auch hier ist der Aktienhandel problemlos möglich und zudem oft besonders günstig.

- Bei jedem Kauf oder Verkauf von Aktien werden **Gebühren** von Bank, Onlineportal und/oder der jeweiligen Börse in Rechnung gestellt und automatisch vom Verrechnungskonto abgebucht. Das ist legitim. Die Höhe der Gebühren ist allerdings von mehreren Faktoren abhängig, so vom Handelsplatz, von der Art des Wertpapiers und vom Transaktionsvolumen. Wer beispielsweise deutsche Standardaktien – Bayer, Lufthansa, Post und so weiter – im Wert von 2000 Euro kauft oder verkauft, muss Gebühren in der Spanne von etwa fünf bis höchstens 20 Euro einplanen. Hat man für deutsche Standardwerte mehr gezahlt, war es teuer. Bei ausländischen Aktien – insbesondere bei solchen aus »exotischen« Ländern – können die Gebühren allerdings deutlich höher liegen. Auf die oben genannten Goldminenaktien aus Australien, Kanada, Südafrika und den USA trifft das Etikett »exotisch« nicht zu.

8. Die Steuern

Die steuerliche Behandlung von Einkommen aller Art ist in Deutschland ein immer wieder komplexes, unerfreuliches und – lassen Sie uns ehrlich sein – dröges Thema. Dass sich die fiskalischen Spielregeln für alle Sparer und Anleger stetig ändern, macht die Angelegenheit nicht angenehmer.

Da das so ist, präsentiere ich am Anfang dieses bewusst knapp gehaltenen Kapitels die **zwei wichtigsten Regeln**, die sich Goldanleger einprägen müssen:

- Kauft oder verkauft ein in Deutschland Steuerpflichtiger physisches Gold (also Anlagegold), fällt **keine Umsatzsteuer** an.

- Nach einer Haltedauer von Anlagegold von mehr als zwölf Monaten ist der Wertzuwachs **steuerfrei**.

Damit ist das Wesentliche gesagt; alles andere ist Detail und nachrangig. Die steuerliche Behandlung des Goldbesitzes ist in Deutschland damit aus Anlegersicht günstig.

Die sechs folgenden Punkte sind beim Stichwort Steuern jedoch bedenkenswert und dürften für viele, die sich mit der Goldanlage beschäftigen, hilfreich sein.

- Während beim Kauf von Anlagegoldmünzen und -barren keine Umsatzsteuer anfällt, unterliegen **Sammlermünzen** und **Goldschmuck** sehr wohl dieser Steuer. Eine Münze gilt als »Anlagegold«, wenn sie gesetzliches Zahlungsmittel ist (oder es wenigstens einmal war); wenn sie nach 1800 geprägt wurde und wenn ihr Wert sich fast nur nach dem Materialwert richtet, also nach dem Goldgehalt. Bei goldenen Sammlermünzen, die oft von besonderem historischem Wert oder einfach nur selten oder ästhetisch sind, liegt der Marktwert dagegen oft deutlich über dem Materialwert, sodass die Umsatzsteuer anfällt.

- Bei Barren und Münzen aus **Silber, Platin** und **Palladium** fällt der volle Mehrwertsteuersatz von 19 Prozent an – also auch, wenn es sich um Anlagemünzen handelt. (Die sogenannte Differenzbesteuerung. Ein legaler Trick der Edelmetallbranche kann den Steuersatz deutlich senken.)

- Wer physisches Gold für weniger als 15 000 Euro erwirbt, muss beim Kauf seine **Personalien** im Prinzip nicht angeben – auch nicht, wenn er bar bezahlt. Dennoch verlangen Banken und Sparkassen mitunter aus Sorge, in Geschäfte mit Geldwäschern und Steuerhinterziehern verwickelt zu werden, eine Ausweiskopie. Das dürfen sie, wenn aus ihrer Sicht ein Verdachtsmoment gegeben ist. An der 15 000-Euro-Regel ändert diese Praxis nichts.

- Wer sein Anlagegold innerhalb von zwölf Monaten nach Kauf wieder abstößt und dabei einen Gewinn erzielt, muss darauf

Steuern zahlen – allerdings nur, wenn der Gewinn die an dieser Stelle geltende Schwelle von 600 Euro (im Jahr) übertrifft. In diesem Fall greift nicht die Abgeltungssteuer, die zum Beispiel bei Gewinnen aus Wertpapiergeschäften zum Einsatz kommt. Stattdessen gelten die fiskalischen Regeln für sogenannte **private Veräußerungsgeschäfte**, die zum Beispiel auch angewandt werden, wenn jemand Kunst, Antiquitäten oder einen Oldtimer mit Gewinn innerhalb der steuerlich relevanten Fristen verkauft. Das hat zur Folge, dass der persönliche Steuersatz von bis zu 45 Prozent (zuzüglich »Solidaritätszuschlag« und gegebenenfalls Kirchensteuer[131]) angewandt wird. Für die relativ gut Verdienenden ist das von Nachteil, weil die Abgeltungssteuer niedriger liegt (25 Prozent zuzüglich Soli und Kirchensteuer).

Wichtig: Die 600 Euro sind kein Frei*betrag*, sondern eine Frei*grenze*. Klingt ähnlich, ist aber anders. Da es sich um eine Freigrenze handelt, müssen Sie, sofern Ihr Gewinn über 600 Euro liegt, nicht nur den Betrag über 600 versteuern, sondern alles. Wenn es irgend geht, sollten Sie bei einem Wertzuwachs des Golds also versuchen, mindestens ein Jahr lang durchzuhalten, um steuerlich keinen Nachteil zu haben.

Wer physisches Gold binnen eines Jahres mit Verlust wiederverkauft, kann diesen mit Gewinnen aus anderen privaten Veräußerungsgeschäften verrechnen.

- Die meisten **goldbasierten Wertpapiere** – Investmentfonds, ETFs, Aktien von Goldproduzenten und Zertifikate – unterliegen unabhängig von der Haltedauer der Abgeltungssteuer.

Verluste sind dabei verrechenbar mit Gewinnen aus anderen Wertpapiergeschäften.

Umstritten war bis Herbst 2015, wie **ETCs** zu besteuern waren, die einen physischen Lieferanspruch darstellen: wie physisches Anlagegold (also günstig), sagten die einen; wie ein Wertpapier (weniger günstig), die anderen. Der Bundesfinanzhof hat dies 2015 geklärt. Physisch hinterlegte ETCs wie Xetra-Gold sind steuerlich Anlagegoldmünzen und -barren gleichzustellen, so das Urteil.[132] Damit ist ein erzielter Wertzuwachs nach einer Haltedauer von mehr als zwölf Monaten steuerfrei. Eine Reaktion des Bundesfinanzministeriums auf dieses Grundsatzurteil steht indes noch aus. Wer Gold-ETCs als Anlageform favorisiert, sollte den aktuellen Stand in den Medien verfolgen.

• Bei einem **Todesfall** fließen physisches Gold und alle anderen goldbasierten Investments grundsätzlich in die Erbmasse ein, unterliegen also der Erbschaftssteuer – so wie jeder andere Vermögenswert eines Erblassers auch. Bei der Berechnung der Abgaben an den Staat spielen verschiedene Faktoren eine Rolle, insbesondere aber das Verhältnis zwischen Erblasser und Erben. Faustregel: Je enger der Verwandtschaftsgrad, umso höher liegt der steuerliche Freibetrag und umso niedriger fallen die anzuwendenden Steuersätze aus. Unter engen Angehörigen (Eheleute, Kinder, Geschwister, Enkel) sind die Spielräume relativ großzügig. Entfernte Verwandte und Freunde werden vom Fiskus dagegen ordentlich zur Kasse gebeten.

Angenommen, Sie erben physisches Gold – vielleicht ein

paar Goldmünzen, die seit Jahren oder Jahrzehnten irgendwo hinten im Wäscheschrank Ihrer Erbtante lagen und in Vergessenheit geraten waren. Was dann? Der korrekte Weg ist selbstverständlich, das Gold als rechtmäßiger Erbe nicht einfach einzustecken und mitzunehmen, sondern als Allererstes das zuständige Finanzamt zu benachrichtigen und darauf hinzuweisen, dass man das Edelmetall unbedingt bei der steuerlichen Berechnung berücksichtigen müsse.

9. Goldene Zeiten?

Prognosen sind bekanntlich schwierig, vor allem wenn sie die Zukunft betreffen. Dennoch ist ein umsichtiger Blick auf das, was kommen mag, für uns alle wichtig, möglicherweise sogar existenziell. Mehrere Faktoren deuten darauf hin, dass das Finanzsystem, in dem wir seit dem Ende von Bretton Woods leben und an das wir uns gewöhnt haben, vor weiteren dramatischen Verwerfungen steht. Jeder Sparer tut gut daran, rechtzeitig – bevor sich Panik ausbreitet – über mögliche oder wahrscheinliche Entwicklungen und Trends nachzudenken und sich angemessen darauf vorzubereiten, auch und gerade mit Blick auf die Finanzmärkte und die eigenen Ersparnisse. Solche Planungen sollten natürlich besonnen und unhysterisch ablaufen. Offenheit für das Hinterfragen des Status quo, Entschlossenheit und Entscheidungsfreude sind dabei hilfreich.

Seit 1971, dem Ende der (indirekten) Goldbindung des Weltwährungssystems, leben wir in einer **Ära der Finanzblasen und -krisen**. Das Banken-, Staatsschulden- und Eurozonendebakel, das 2007 seinen Ausgang nahm und heute, neun Jahre später, noch immer nicht ausgestanden ist – siehe die chronische Verschleppung in Griechenland –, harrt weiterhin seiner Lösung. Bislang wurden von der Politik, auch und gerade der deutschen, lediglich Symptome behandelt, nicht die Ursachen der Malaise ergründet und angegangen.

Eine Fülle von Entwicklungen ist absehbar, die die nächste »heiße« Phase der Finanzkrise auslösen könnten. Selbstverständlich wird die **Eurozone** in der jetzigen Konstellation – aktuelle Besetzung: 19 Staaten und die mit ihnen verbundenen Territorien – in einigen Jahren nicht mehr existieren. Wer heute noch glaubt, dass die Statik dieses Finanzverbunds dauerhaft belastbar ist, hat etwas Großes nicht verstanden und seit knapp einem Jahrzehnt offenbar die Nachrichtenlage ausgeblendet. Früher oder später wird das erste Land die Gemeinschaftswährung hinter sich lassen, mit größter Wahrscheinlichkeit **Griechenland**. Dass **Zypern**, dessen »griechischer« Teil Mitglied der EU und der Eurozone ist, dann der Gemeinschaftswährung treu bleiben würde (oder auch nur könnte), ist unwahrscheinlich. Beide Mittelmeerländer sind wirtschaftlich eng miteinander verflochten. Die Staatsfinanzen vieler anderer Eurozonenstaaten sind weiterhin zerrüttet, in **Italien**, **Spanien** und **Portugal** ebenso wie in **Frankreich** – einem Land, das ähnlich dynamische Reformfreude und -fähigkeit aufweist wie Griechenland. Wer all diese Länder finanziell retten soll, hat Angela Merkel bislang nicht gesagt. Deutschland könnte es nicht, selbst wenn es willens wäre.

Neben dem Grexit – dem Exit Griechenlands aus dem Euro – ist indes auch ein **Brexit** – ein Ausstieg des Vereinigten Königreichs aus der EU – denkbar. Zwar wurde Großbritannien aus guten Gründen kein Mitglied der Eurozone. Als zweitgrößte Volkswirtschaft der EU und als mit Abstand wichtigster Finanzplatz wäre ein Rückzug der Briten jedoch ein Großereignis an den Märkten, das Griechenlands Haushaltsprobleme in den Schatten stellen würde.

In Übersee ist das Gefahrenpotenzial ebenfalls groß. Wer die Hälfte der Eurozonenstaaten für hoffnungslos überschuldet hält, sollte einen Blick auf **Japan** werfen, dessen Staatsverschuldung weit über alles hinausgeht, was wir in Europa kennen. (Immerhin: Japan hat eine eigene Währung, den Yen, die die Notenbank modulieren und weginflationieren kann – ein Instrument, über das die Regierung in Athen nach Gründung der Eurozone nicht mehr verfügt.) Auch **China** hat ein Schuldenproblem – mit dem feinen Unterschied, dass die Statistiken im Reich der Mitte besonders kreativ erstellt werden und nicht verlässlich sind. Wie groß der Schuldenüberhang dort ist, weiß daher niemand so genau.[133] Die **Vereinigten Staaten** schließlich, die in den Anfangsjahren der Schuldenkrise 2007/08 relativ dynamisch reagierten, weisen längst neue Überschuldungsblasen auf, etwa bei Auto- und Studentenkrediten[134].

Die Großbanken der Welt haben heute noch größere Risiken in ihren Büchern als vor der Krise. Insbesondere ihre **Derivate** – komplexe Finanzwetten, von US-Investor Warren Buffett einst als »Zeitbomben« und »finanzielle Massenvernichtungswaffen« beschrieben – bergen kaum vorstellbare Risiken. Allein die Deutsche Bank, die größte Privatbank in der Bundesrepublik, hat Derivate im Volumen von weit mehr als 50 Billionen Dollar – also über 50 000 Milliarden Dollar – in ihren Büchern. Das entspricht ungefähr dem 15-fachen der deutschen Wirtschaftsleistung in einem Jahr. Während 1998 weltweit Derivate im Volumen von »nur« 72 000 Milliarden US-Dollar existierten, waren es Ende

2014 nach Angaben der BIZ in Basel 630 000 Milliarden Dollar[135]. Wenn, bildlich gesprochen, ein Funken in dieses Lager von Feuerwerkskörpern und Sprengstoff einschlägt, könnte an den Finanzmärkten das größte Durcheinander aller Zeiten ausbrechen. Dies ist praktisch jederzeit möglich. Der Großteil der Börsenumsätze wird heute von Computern erzielt. Insbesondere das sogenannte **High-Frequency Trading** (»Hochfrequenzhandel«), bei dem Maschinen in Bruchteilen von Sekunden quasi autonom kaufen und verkaufen, birgt enorme Risiken für die Finanzmärkte, die inzwischen zu Roboterbörsen mutiert sind. Auch **Naturkatastrophen** – etwa ein schweres Erdbeben in Kalifornien oder ein verheerender Vulkanausbruch – oder ein **Terrorakt** in den Dimensionen der Anschläge vom 11. September 2001 könnten Katalysatoren der nächsten globalen Finanzkrise sein. *Was* der Auslöser sein wird, weiß vorher niemand. *Dass* die nächste finanzsystemische Krise früher oder später eintreten wird, ist unausweichlich.

Fiatgeld, seit gut 40 Jahren mit nichts unterlegt als dem Vertrauen der Bürger und Finanzmärkte in die Kompetenz von Notenbanken und Regierungen, wird dann keinen leichten Stand haben. Selbst das wichtigste Papiergeld von allen, der heute noch als Leit- und Reservewährung der Welt respektierte US-Dollar, wird an Glaubwürdigkeit und Werthaltigkeit einbüßen. Früher oder später wird ein neues Weltfinanzsystem notwendig sein – spätestens dann, wenn die großen Wirtschaftsräume der Welt eine beschleunigte Entwertung ihres Fiatgelds oder gar Hyperinflation erleben.

Gold wird im Gegenzug in den nächsten 40 Jahren wahrscheinlich eine größere Rolle spielen als in den vergangenen vier Jahrzehnten. Manche Ökonomen mögen Finanzsysteme, die das Edelmetall als Währungsanker nutzen, als »barbarisches Relikt« betrachten. Die Wahrscheinlichkeit steigt jedoch von Monat zu Monat, dass wir alle in nicht allzu ferner Zukunft eher Papiergeld als barbarisches Relikt betrachten werden: ein Zahlungsmittel, das nicht dauerhaft vertrauenswürdig ist und seine Besitzer und Nutzer, der Manipulation von Politikern und Notenbanken ausgeliefert, arm macht.

Wie genau das nächste Weltwährungssystem aussehen könnte, ist offen. Es könnte selbstverständlich goldbasiert sein – entweder mit goldgedeckten Währungen oder mithilfe einer indirekten Goldverankerung, also einer abgewandelten Neuauflage von Bretton Woods. In jedem Fall würde ein **neuer Goldstandard** Sparer besser vor unfähigen Politikern und Notenbankern schützen, die sich nicht anders als mit Gelddrucken zu helfen wissen, und die Ära der Spekulationsblasen, die die Finanzmärkte seit 1971 prägen, beenden. Alternativ könnte eine **virtuelle Währung** nach Art von Bitcoins das neue Finanzzeitalter einläuten, die dann allerdings staatlich emittiert und kontrolliert werden würde. Notenbanken der westlichen Welt beschäftigen sich bereits mit diesem Ansatz.[136]

Länder wie **China, Russland** und **Iran** – alle drei nicht die innigsten Politfreunde der Vereinigten Staaten – könnten ihre Währungen ihrerseits auf eine Goldbasis stellen. Sollte Russland dies tun, wäre das für die USA nur ein schmerzhafter Schritt, keine Katastrophe. Sollte China, die größte Volkswirtschaft der

Welt[137], auf einen Goldstandard setzen, wäre dies dagegen der Anfang vom Ende des US-Dollars als Leitwährung der Welt. Chinas goldbasierte Währung wäre für viele Menschen vertrauenswürdiger als Amerikas auf bloße Versprechen der Zentralbank setzendes Fiatgeld.

Ob Gold zu seinem alten Glanz zurückkehren wird, werden die nächsten Jahre zeigen. Ich persönlich halte es für wahrscheinlich. Wenn Sie heute unter 50 sind, haben Sie meines Erachtens eine gute Chance, eines Tages einen fünfstelligen Kurs je Feinunze Gold zu erleben, sowohl auf Euro- als auch auf Dollarbasis.

Sollte es so kommen, würde dies keineswegs zwangsläufig bedeuten – wie am Ende dieses Buchs hoffentlich klar ist –, dass Gold eine großartige Währung oder eine fabelhafte Geldanlage gewesen wäre. Es würde nur zeigen, dass Papierwährungen wie Euro und Dollar schlechte, dauerhaft nicht werthaltige Währungen sind. Geld stirbt, Gold bleibt.

Goldene Regeln: Die To-do-Liste

Wenn Sie sich am Ende dieses Buchs entscheiden sollten, einen Teil Ihrer Ersparnisse in Gold zu stecken und das Edelmetall als langfristiges Absicherungsinstrument zu nutzen: nur zu. Ich glaube, dass dies für die meisten Vorsorger in Deutschland ein vernünftiger Schritt ist. Hier **13 Tipps**, wie Sie die praktische Seite Ihrer Goldanlage mit Umsicht angehen und unnötige oder teure Fehler minimieren.

- Kaufen Sie in erster Linie **physisches Gold**, also Anlagebarren und -münzen. Wenn Sie Gold kaufen und es nicht anfassen können, ist es nicht *Ihr* Gold.

- Die Wahrscheinlichkeit, dass Ihr Goldkauf bei einer deutschen Bank oder Sparkasse bequem, schnell, unkompliziert und kostengünstig abläuft, ist gering. Am besten kauft man Edelmetall, das der Anlage und dem Kaufkrafterhalt Ihres Vermögens dienen soll, bei **seriösen Händlern**, die sich auf dieses Geschäft spezialisiert haben.

- Ob Sie **Barren oder Münzen** kaufen, ist Geschmackssache, hängt allerdings auch von Ihren persönlichen finanziellen Verhältnissen ab. Wer ein größeres Vermögen besitzt, wird um Kilobarren nicht herumkommen.

- **Lagern** Sie Ihr Gold sicher und jederzeit zugänglich. Die Deponierung im **Ausland** kann insbesondere für Vermögende sinnvoll sein.

- Glauben Sie keinen Kurzfrist-**Prognosen** zum Goldpreis von Banken, Anlagegesellschaften oder Medien. Eine Vorhersage der Goldnotierung – also des Wechselkurses zwischen Gold und Papierwährungen wie Euro oder US-Dollar – ist ungemein knifflig, ein Glücksspiel. Aussagen wie »Ende des Jahres steht der Goldpreis bei so und so viel Euro« sind erfahrungsgemäß wenig treffsicher und irrelevant. Sie sollten bei Ihrer Disposition keine Rolle spielen.

Dass präzise *kurzfristige* Preisansagen praktisch unmöglich sind, ändert allerdings nichts daran, dass der Goldpreis *langfristig* steigen wird – in dem Maße, in dem Fiatwährungen ihren inneren Wert verlieren, das zentrale Thema dieses Buches. Niemand weiß, wo genau der Goldpreis in fünf oder zehn Jahren stehen wird. Es spricht aber einiges dafür, dass er im Verhältnis zu Fiatgeld – also auch zum Euro – tendenziell anziehen wird. Wenn Fiatgeld seinen Wert verliert, also gegen null tendiert, behält Gold seinen inneren Wert.

- Wenn Sie sich entschieden haben, Gold zu erwerben, ist es ratsam, nicht alles auf einmal zu kaufen, sondern **in Tranchen**. Beispiel: Wer insgesamt ungefähr 10 000 Euro in Gold stecken will, könnte an jedem der folgenden neun oder zehn Monatsersten eine Ein-Unzen-Goldmünze kaufen. Diese Methode stellt sicher, dass er nicht zufällig zu einem besonders unglücklichen Kurs kauft, sondern einen über die Monate gemittelten Preis bezahlt. Dieser Durchschnittspreis wird nicht die niedrigste Goldnotierung der kommenden Monate treffen, aber mit hundertprozentiger Wahrscheinlichkeit auch nicht den Spitzenkurs.

- Lassen Sie sich von fallenden Preisen nicht nervös machen, sondern sehen Sie sie als ideale **Gelegenheit zum Einstieg**.

- Stecken Sie niemals Ihr gesamtes verfügbares Vermögen in Gold und andere Edelmetalle – auch nicht in Zeiten, in denen das Finanzsystem zu wanken scheint und die Weltbörsen verrückt spielen. Wer **alles auf eine Karte** setzt, anstatt sein Vermögen zu streuen und auf verschiedene Anlageklassen zu verteilen, geht ein extrem hohes Risiko ein. Vergessen Sie nie: Auch die größten Pessimisten können sich irren – gerade die. (Das schließt mich natürlich ein. Auch ich bin, was den Weltwährungskosmos angeht, alles andere als ein Optimist.) Doch selbst wenn unser Finanzsystem kollabiert, dreht sich die Welt weiter, und andere Anlageklassen – etwa Aktien und Immobilien – bleiben relevant. Abhängig von Ihrer persönlichen Risikobereitschaft erscheint mir ein **Edelmetallanteil von fünf bis 20 Prozent** ideal, bezogen auf den »flüssigen«, also investierbaren Anteil Ihres Vermögens. (Immobilien und anderer Sachbesitz bleiben bei dieser Quote außen vor.)

- Besitzen Sie **Gold und Silber**. Beide Edelmetalle sind in aller Welt verbreitet und haben jeweils ihre Vor- und Nachteile. Ich persönlich würde dazu raten, den Edelmetallanteil am investierbaren Vermögen im Verhältnis 90:10 aufzuteilen, also zu 90 Prozent Gold und zu zehn Prozent Silber zu kaufen. Je nach persönlicher Vorliebe kann das Verhältnis natürlich auch bei 80:20 oder bei 75:25 liegen. Tendenziell gilt dabei: Je reicher Sie sind, umso größer sollte der Goldanteil ausfallen. Silber wiegt einfach zu viel.[138]

- Kaufen Sie Gold in **unaufgeregten Zeiten**, wenn die große Mehrzahl Ihrer Landsleute und der Mitmenschen in aller Welt gerade nicht besonders an Edelmetall interessiert ist. Wütet eine globale Finanz- oder Bankenkrise erst einmal, wollen plötzlich wieder alle Gold und Silber besitzen – ein Umfeld, in dem die Edelmetallnotierungen tendenziell rasch steigen und Goldmünzen und -barren schnell nicht mehr lieferbar sind, also ausverkauft. Wer dann erst auf die Idee kommt, physisches Gold zu kaufen, ist schlicht spät dran. Vielleicht zu spät.

- Nutzen Sie **Schwächephasen des US-Dollars** zum Einstieg in die Goldanlage. Gold, Silber und andere Edelmetalle werden weltweit vor allem in Dollar gehandelt. Ist der Euro im Verhältnis zum Dollar relativ stark, wird es für Käufer aus Deutschland und der Eurozone günstiger.

- Betrachten Sie Ihr Gold nicht als Spekulationsobjekt, sondern als **langfristiges** Engagement. Verkaufen Sie es nicht leichtfertig, um »Gewinne zu realisieren«, die eben nur Gewinne auf Fiatgeldbasis wären, selbst wenn vorübergehende Spitzennotierungen in Zeiten der Krise verlockend erscheinen. Trennen Sie sich von Ihrem Gold nur in existenziellen Krisen – oder um einen unbeabsichtigten Ausflug in die Illegalität zu umgehen (etwa nach einem Verbot privaten Goldbesitzes durch den Staat).

- **Sprechen Sie nicht** über Ihr Gold – erst recht nicht, wenn Sie es im eigenen Haushalt aufbewahren. In Zeiten, in denen Gold billig ist, würden Sie nur den Spott Ihrer Mitmenschen auf sich ziehen, und in Zeiten, in denen Gold seinen Wert behält, während Fiatwährungen implodieren, deren Missgunst. Das pragmatische Motto sollte lauten: Über Gold redet man nicht, man hat es.

Anhang

Über den Autor

Michael Braun Alexander, Jahrgang 1968, studierte Wirtschaftswissenschaften, Politik und Philosophie am Magdalen College der Universität Oxford. Anschließend beschäftigte er sich an der Paul H. Nitze School of Advanced International Studies (SAIS) in Bologna und Washington D.C. im Rahmen eines Graduiertenstudiums mit internationalen Wirtschafts- und Finanzsystemen. Nach einem Volontariat in der Wirtschaftsredaktion des *Hamburger Abendblatts* arbeitete er von 1997 bis 1999 als Auslandskorrespondent für den Axel Springer Verlag in New York. In den folgenden Jahren leitete er als Chefredakteur die Redaktion von *Finanzen/€uro*, eines der größten Wirtschaftsmagazine in Deutschland. Der Finanzexperte ist in verschiedenen Funktionen für mehr als 50 Publikationen und Verlage im deutschsprachigen Raum tätig geworden, darunter *BörseOnline, Capital, Cosmopolitan, Die Welt, €uro am Sonntag, Financial Times Deutschland, Welt am Sonntag* und *Wirtschaftswoche.* Einer breiten Öffentlichkeit wurde er als Geldkolumnist der *Freundin* bekannt. Er lebt und arbeitet in Berlin und Indien.

Braun Alexander ist Autor zahlreicher Sachbücher und Romane. Sein Ratgeber *So geht Geld* schaffte es 2011 auf die Shortlist des Deutschen Finanzbuchpreises. Für die Euro-Berichterstattung im *Hamburger Abendblatt* wurde er 1997 gemeinsam mit Stephanie Heise mit dem Ludwig-Erhard-Förderpreis für Wirtschaftspublizistik ausgezeichnet.

Sachbücher:

Wenn Geld stirbt
So geht Geld

Romane:

Madame Jakublonskis Monstrositäten-Cabinet
Bräutigame
UG2
Jericho oder Das feine Gesicht des Himmels

Quellen und Anmerkungen

1. John Maynard Keynes: *A Tract on Monetary Reform,* 1923/24, S. 172.
2. Viele Deutsche, die in diesem Jahr (1923) eine Hyperinflation und die völlige Entwertung ihres Gelds, ihrer Ersparnisse sowie ihrer Renten und Pensionen erlebten, sahen das natürlich anders.
3. Am 13. Juli 2011, befragt von Ron Paul, damals Mitglied des US-Repräsentantenhauses.
4. Die einzige mir bekannte Ausnahme ist die im August 2015 vom sogenannten Islamischen Staat eingeführte goldbasierte Währung.
5. Der Markenname des populären italienischen Autobauers leitet sich von Fabbrica Italiana Automobili Torino ab, den »Italienischen Automobilwerken Turin«.
6. *Gold bugs* werden Goldanhänger im angelsächsischen Sprachraum genannt – ein in der Regel abwertend gebrauchter Begriff, der so viel wie »Goldinsekt« oder »Goldkäfer« bedeutet und meines Erachtens wenig hilfreich und tendenziell beleidigend ist.
7. Selbst führende Wirtschaftsexperten sehen das ähnlich. Der US-Wissenschaftler Nouriel Roubini etwa bezeichnete Fürsprecher des Golds als »paranoid« und »Fanatiker«. Vgl. Nouriel Roubini: *Nach dem Goldrausch,* Project Syndicate, 1. Juni 2013, www.project-syndicate.org/commentary/the-end-of-the-gold-bubble-by-nouriel-roubini/german, aufgerufen am 17. September 2015. – Jason Zweig vom *Wall Street Journal* schrieb am 17. Juli 2015: »Sie wollen nicht zu diesen Leuten gehören, die der Realität jahrelang erzählen, dass sie sich irrt.« Gold sei ein »act of faith«, eine Frage des Glaubens.
8. Wobei die Kurse in den frühen 1980er-Jahren real (also unter Einrechnung der Inflation) höher lagen.
9. Hermann-Josef Tenhagen: »Goldene Regeln für den Goldkauf«, *Spiegel Online,* 3. Januar 2015, www.spiegel.de/wirtschaft/service/gold-als-geldanlage-tipps-fuer-goldkauf-a-1011004.html, aufgerufen am 17. September 2015.
10. Bei einer Ausweitung der Geldmenge wird Geld heute üblicherweise nicht im wahren Sinne des Wortes gedruckt, sondern elektronisch erzeugt. Notenbanken kaufen häufig Anleihen und bezahlen dafür mit Geld, das sie selbst aus dem Nichts schaffen.
11. Der gebürtige Schotte John Law, der im ersten Drittel des 18. Jahrhunderts wirkte, war einer der Ersten, die auf die Idee kamen, edelmetallbasiertes Geld durch Papiergeld zu ersetzen, das mit nichts als dem Glauben an Staat und Regierung hinterlegt war. Eine kreative, originelle Idee – allerdings tat dieses Experiment weder dem Geld noch Law gut. Dessen Papiergeld, im chronisch finanzklammen Frankreich in Umlauf gebracht, wurde wertlos, Law starb in Armut. – Die sogenannten Assignaten, von 1789 bis 1797 in Gebrauch (also in den düstersten Jahren der Französischen Revolution), waren ebenfalls Papiergeld. »Abgesichert« war es mit staatlichem Grundbesitz, den der Staat kurz zuvor der Kirche abgenommen hatte. Die Assignaten wurden im Zuge einer spektakulären Hyperinflation wertlos.
12. Jens Kleine, Alessandro Munisso, Hans-Günter Ritter: *Goldinvestments 2014: Indikatoren, Motive und Einstellungen von Privatpersonen,* Steinbeis Research Center for Financial Services/Steinbeis-Hochschule Berlin in Zusammenarbeit mit Heraeus, München, September 2014, S. 1.
13. Steinbeis, ebd., S. 3.
14. Steinbeis, ebd., S. 44.

15. Auf die Frage: »Welche Produkte eignen sich für Vermögensplanung/Vermögensaufbau am besten?« Deutscher Sparkassen- und Giroverband: *Vermögensbarometer 2014: Die Deutschen und ihr Geld*, Oktober 2014, S. 9. Der guten Form halber weist der Autor dieses Buchs darauf hin, dass er auch Autor des *Vermögensbarometer 2014* ist.

16. »Inflation is always and everywhere a monetary phenomenon in the sense that it is and can be produced only by a more rapid increase in the quantity of money than in output.« Milton Friedman: *The Counter-Revolution in Monetary Theory*, 1970.

17. Philipp Immenkötter und Christopher Thiem: *FVS Vermögenspreisindex Q2-2015: Vermögens-preisinflation setzt sich fort*, Flossbach von Storch Research Institute.

18. Vgl. Steve H. Hanke und Nicholas Krus: *World Hyperinflations*, Cato Working Paper, Institute for Applied Economics, Global Health, and The Study of Business Enterprise, Johns Hopkins University, 15. August 2012. Üblicherweise ist von Hyperinflation die Rede, wenn die Verbraucherpreise um mindestens 50 Prozent im Monat steigen.

19. »The history of money reveals two highly reliable tendencies. Having recent experience of inflation, people cherish stable prices, and having long experience of stable prices, they become indifferent to the risk of inflation.« John Kenneth Galbraith: *Money: Whence It Came, Where It Went*, 1975, S. 66.

20. »[H]istory suggests that the rich almost always are too complacent, because they cherish the illusion that when things start to go bad, they will have time to extricate themselves and their wealth. It never works that way.« Barton Biggs: *Wealth, War & Wisdom*, 2008, S. 333.

21. Mit Dank an Herbert Grönemeyer: »Jetzt oder nie«, *4630 Bochum*, 1984.

22. Gemeint ist hier das »griechische« Zypern, also die Republik Zypern im südlichen Landesteil. Der nördliche, »türkische« Teil – die Türkische Republik Nordzypern, in der die Türkische Lira als Währung dient – war nicht direkt betroffen.

23. In: Simone Boehringer (Hrsg.): *Der private Rettungsschirm*, 2012, S. 138.

24. World Gold Council: *Gold Demand Trends*, Second Quarter 2015, August 2015, S. 2.

25. Galbraith, ebd., S. 17.

26. Allen, die ihre Lektüre der Finanzgeschichte vertiefen wollen, empfehle ich insbesondere Andrew Dickson Whites *Fiat Money Inflation in France* – mehr als 100 Jahre alt und noch immer relevant. Diese englischsprachige Abhandlung über die Hyperinflation in den 1790er-Jahren in Frankreich weist meines Erachtens zahlreiche interessante Parallelen zur heutigen Zeit auf, die seit der Finanzkrise ab 2007 von einer massiven Geldvermehrung – dem »Drucken« von Geld – geprägt ist. Der Historiker Dickson White (1832 bis 1918) war unter anderem Botschafter der Vereinigten Staaten im Deutschen Reich und in Russland und einer der Gründer der Cornell University in Ithaca im US-Bundesstaat New York. Sein Werk lässt sich (legal) kostenlos im Internet downloaden. Eine Übersetzung ins Deutsche ist mir nicht bekannt.

27. Offiziell bestand die Lateinische Münzunion bis Ende 1926.

28. »The gold standard is incompatible with chronic deficit spending […]. Thus, government spending under a gold standard is severely limited.« Alan Greenspan: *Gold and Economic Freedom*, in: Ayn Rand: *The Objectivist Newsletter*, 1966.

29. »[…] compared with the depressions of 1920 and 1932, the pre-World War I business declines were mild indeed. […] The readjustment periods were short and the economies quickly reestablished a sound basis to resume expansion.« Greenspan, ebd. (Rand).

30. Insofern ist es kein Zufall, dass am Goldstandard ausgerichtete Finanzsysteme auffällig oft in der Anfangsphase großer Kriege zusammenbrachen – etwa im Zuge der Napoleonischen Kriege, 1914 (Ausbruch des Ersten Weltkriegs) oder 1971 (Vietnamkrieg).

31. »The world that disappeared in 1914 appeared, in retrospect, something like our picture of paradise.« Der Ökonom Cecil Hirsch in einer Buchrezension über R. W. Hawtreys *The Art of*

Central Banking (1933), *ZeroHedge,* 11. Mai 2015, www.zerohedge.com/news/2015-05-11/portrait-classical-gold-standard, aufgerufen am 21. September 2015.

32. Ferdinand Lips: *Die Gold-Verschwörung,* 2003, S. 58.
33. Galbraith, ebd., S. 151.
34. Galbraith, ebd., S. 173.
35. Galbraith, ebd., S. 121, unter Verweis auf das U.S. Bureau of the Census. Zum Vergleich: Im Zuge der jüngsten finanzsystemischen Krise in den Jahren 2007 bis 2013 gingen in den USA »nur« einige Hundert Banken pleite.
36. Zeitgleich entstand die Weltbank, die Schwesterorganisation des IWF.
37. Die US-Goldreserven sanken von 1959 bis 1971 um mehr als die Hälfte. Vgl. Willem Middelkoop: *The Big Reset – War on Gold and the Financial Endgame,* 2014.
38. Übrigens nur »vorübergehend«, wie die US-Regierung damals erklärte. Bis heute, 45 Jahre später, hat sich an der »vorübergehenden« Maßnahme nichts geändert. Vgl. Milton Friedmans berühmte Maxime: »Nichts ist so dauerhaft wie ein vorübergehendes Regierungsprogramm.«
39. James Rickards: *The Death of Money,* 2014, S. 285.
40. 2016 liegen die offiziellen Staatsschulden der USA voraussichtlich bei 19 bis 20 Billionen Dollar. www.usdebtclock.org, aufgerufen am 1. Oktober 2015.
41. Charles P. Kindleberger und Robert Aliber: *Manias, Panics, and Crashes: A History of Finanial Crises,* 5. Ausgabe, 2005, S. 43.
42. Vgl. www.zerohedge.com/news/41-years-after-death-gold-standard-look-how-we-ended-economic-purgatory, aufgerufen am 23. September 2015.
43. Allerdings nicht in Deutschland und Japan.
44. Die Organisation erdölexportierender Länder (Organization of Petroleum Exporting Countries).
45. Niall Ferguson: *The Ascent of Money: A Financial History of the World,* 2009, S. 309.
46. Eine alternative Erklärung für dieses unglückliche Markttiming geht davon aus, dass 1999 eine finanzsystemische Krise schwelte, die für den Fall eines steigenden Goldpreises eine Großbank (oder sogar mehrere) in die Insolvenz getrieben hätte. Eddie George, damaliger Chef der britischen Notenbank, sagte im September 1999: »We looked into the abyss if the gold price rose further. A further rise would have taken down one or several trading houses, which might have taken down all the rest in their wake. Therefore at any price, at any cost, the central banks had to quell the gold price, manage it.« (»Wir sahen in den Abgrund, falls der Goldpreis weiter steigen würde. Ein weiterer Anstieg hätte eines oder mehrere Handelshäuser [i.e. Finanzinstitute] zusammenbrechen lassen, die wiederum den ganzen Rest mit sich gerissen hätten. Die Zentralbanken mussten daher den Goldpreis um jeden Preis, koste es, was es wolle, zügeln und managen.«) www.zerohedge.com/news/2015-09-05/did-comex-counterparty-risk-just-reach-record-high, aufgerufen am 6. September 2015.
47. Vgl. Marc Faber: »The Only Way To Short Central Banks Is To Be Long Gold«, *ZeroHedge,* 19. Januar 2015, www.zerohedge.com/news/2015-01-19/marc-faber-only-way-short-central-banks-be-long-gold, aufgerufen am 18. September 2015.
48. Bis zu einem gewissen Grad gilt dies auch für die europäische Gemeinschaftswährung, den Euro, der in vielen Ländern ebenfalls als Reservewährung genutzt wird. Insofern haben nicht nur die Manager des US-Notenbanksystems Federal Reserve ein Interesse an einem niedrigen Goldpreis, sondern auch die Europäische Zentralbank und alle weiteren Notenbanken, deren Währungen anderen Staaten als Sicherheit dienen (etwa der Schweizer Franken).
49. Der mehrfache Verkauf des Golds ist möglich, wenn das Gold ohne klare Zuteilung (»unallocated«) verkauft wird. Der Käufer erwirbt dabei eine bestimmte Menge Gold, allerdings keine

konkreten, anhand ihrer Nummer klar identifizierbaren Barren. (Das Prinzip ähnelt dem der Giralgeldschöpfung.) Vgl. unter anderem Rickards, ebd., Seite 277.

50. Insofern würde sich Gold wie eines der aus den Wirtschaftswissenschaften bekannten Giffen-Güter verhalten, bei denen die Gesetze von Angebot und Nachfrage ins Gegenteil verkehrt sind. Bei einem »normalen« Gut steigt die Nachfrage, wenn der Preis fällt (und sinkt, wenn der Preis steigt). Bei einem Giffen-Gut *sinkt* die Nachfrage, wenn der Preis fällt (und steigt, wenn der Preis steigt).

51. »That central banks intervene in gold markets is neither new nor surprising. To the extent that gold is money, and central banks control money, then central banks must control gold.« Rickards, ebd., S. 271.

52. World Gold Council, www.gold.org/supply-and-demand/supply, aufgerufen am 20. September 2015.

53. Ob die Lyder die Ersten waren, die Münzen schlagen ließen, ist umstritten: Auch in China und Indien kamen bereits in vorchristlicher Zeit Münzen auf.

54. David S. Landes: *The Wealth and Poverty of Nations*, 1999, S. 73 f.

55. So der Titel der bekannten Erzählung von Jakob Wassermann (1923). Nach anderer Schreibart »Cajamarca«.

56. Vgl. Galbraith, ebd., S. 52.

57. Daniel Eckert: *Alles Gold der Welt*, 2013, S. 166.

58. In Südafrika und international ist diese weitverbreitete Münze als »Krugerrand« bekannt – was der korrekte Name ist. Im deutschen Sprachraum hat sich allerdings die Umlautschreibweise (»Krügerrand«) durchgesetzt.

59. U.S. Department of the Interior/U.S. Geological Society: Mineral Commodity Summaries 2015, Januar 2015, S. 67.

60. K. Kenison Falkner und J. Edmond: »Gold in Seawater«, *Earth and Planetary Science Letters*, Vol. 98, Ausgabe 2, Mai 1990, S. 208 ff.

61. Allein Chinas Hauptstadt Peking zählt mehr als doppelt so viele Einwohner wie die Schweiz.

62. Spielraum dafür gibt es reichlich: Über die »offiziellen« Goldreserven der chinesischen Zentralbank hinaus könnten die China Investment Corporation (CIC) und die State Administration of Foreign Exchange (SAFE) auf beträchtlichen Edelmetallbeständen sitzen.

63. World Gold Council, ebd. (Trends), S. 5.

64. Dank für diesen schönen Ausdruck an den Journalisten und Buchautor Daniel Eckert, ebd., S. 164.

65. World Gold Council: *Why India Needs a Gold Policy*, Dezember 2014.

66. Vgl. Ellen Barry: »India, Seeking a Boost, Plans to Put Its ›Idle Gold‹ to Work«, *New York Times*, 21. April 2015.

67. Vgl. Udo Ulfkotte: *Mit Gold durch die Krise*, 2011, S. 107.

68. Zu einem Goldkurs von 1000 Euro je Unze, Stand September 2015.

69. Rickards, ebd., S. 230.

70. Das Federal-Reserve-System besteht aus insgesamt zwölf regionalen Zentralbanken, von denen die New York Federal Reserve die mit Abstand einflussreichste ist.

71. Vgl. unter anderem Peter Boehringer: *Holt unser Gold heim: Der Kampf um das deutsche Staatsgold*, 2015, S. 156.

72. Boehringer, ebd., S. 187.

73. World Gold Council, ebd. (Trends), S. 25.

74. Da Gold korrosionsfrei ist, also nicht anläuft oder rostet, ist es für verschiedene Anwendungen in der Elektronik nützlich. Ein Handy enthält typischerweise 20 bis 40 Milligramm des Edelmetalls, was einem Materialwert von ungefähr einem Euro entspricht. Pro Gerät fast nichts

also; angesichts der enormen Anzahl der Handys in aller Welt in der Summe aber mehr als ein zu vernachlässigender Posten. Nach Angaben von Statista wurden allein 2014 weltweit mehr als 1,3 Milliarden Smartphones verkauft.

75. Dieser Posten, der zurzeit noch etwa ein halbes Prozent der Weltnachfrage ausmacht, fällt seit Langem. Beim Zahnersatz setzt sich mehr und mehr die als ästhetischere Alternative gefragte Keramik durch – zulasten von Gold.

76. Im Hinterkopf behalten sollte man allerdings, dass das potenzielle Goldangebot jederzeit praktisch unbegrenzt ist, da Gold – anders als Industrierohstoffe wie Eisenerz, Kohle oder Erdöl – nicht verbraucht wird, also nicht verloren geht. Das Verhältnis von Bestandsangebot (»stock«) zu Neuproduktion (»flow«) ist daher extrem hoch, das jährlich hinzukommende Angebot in der größeren Ordnung der Dinge eher bedeutungslos.

77. Eckert, ebd., S. 156.

78. Das sogenannte Goldfixing in London, lange der wichtigste Handelsplatz für physisches Gold, legt seit 1919 täglich die Richtwerte fest, an denen sich Marktteilnehmer in aller Welt orientieren.

79. Die Reserve Bank of India, Indiens Zentralbank, schätzte das Verhältnis von Papiergold zu physischem Gold Anfang 2013 beispielsweise auf 92:1. Vgl. Reserve Bank of India: *Report of the Working Group to Study the Issues Related to Gold Imports and Gold Loans by NBFCs*, 2. Januar 2013, rbi.org.in/Scripts/PublicationDraftReports.aspx?ID=694, aufgerufen am 22. September 2015. – Eine andere Schätzung im Herbst 2015 lag bei 126:1, vgl. »Did COMEX Counterparty Risk Just Reach A Record High?«, *Zerohedge*, 5. September 2015, www.zerohedge.com/news/2015-09-05/did-comex-counterparty-risk-just-reach-record-high, aufgerufen am 22. September 2015. – Wieder andere Schätzungen gehen davon aus, dass das Verhältnis bei mehr als 200:1 liegen könnte, bei steigender Tendenz. Vgl. www.zerohedge.com/news/2015-09-09/something-just-snapped-comex und www.zerohedge.com/news/2015-09-10/anyone-who-believes-comex-numbers-very-naive-they-are-much-worse, beide aufgerufen am 12. September 2015.

80. Allerdings können die Preise von physischem Edelmetall bei besonders großer Nachfrage gelegentlich über dem »Spot«-Preis der Börse liegen, also einen Aufschlag implizieren. Vgl. unter anderen http://www.zerohedge.com/news/2015-08-29/despite-being-pet-rock-premium-physical-bullion-exploding, aufgerufen am 22. September 2015.

81. Die Karat-Bezeichnung bei Gold darf man indes nicht mit der bei Edelsteinen gebräuchlichen Einheit, ebenfalls Karat, verwechseln. Bei Edelsteinen entspricht ein Karat 0,2 Gramm. Ein fünf Karat schwerer Stein wiegt also genau ein Gramm.

82. Dass der Platinpreis unter dem Goldpreis liegt (wie im Herbst 2015), ist ungewöhnlich. In der Vergangenheit war Platin typischerweise teurer als Gold.

83. Die Europäische Zentralbank beispielsweise, die die Geldpolitik innerhalb der Eurozone bestimmt, favorisiert eine Inflationsrate von zwei Prozent oder knapp darunter.

84. Nur »annähernd«, weil Regierungen das Angebot verknappen können, indem sie beispielsweise Einfuhrzölle oder Steuern auf Gold erheben. So versuchte Indien vor Kurzem, das chronische Leistungsbilanzdefizit des Landes zu verringern, indem es den Import von Gold verbot beziehungsweise mit hohen Zöllen belegte. In der Folge war physisches Gold in Indien teurer als in anderen Ländern, und der Goldschmuggel nach Indien, vor allem aus den Golfstaaten, boomte.

85. In der Hyperinflation 1922/23; in den Vorjahren der Währungsreform nach dem Zweiten Weltkrieg (1948); im östlichen Landesteil in der DDR-Ära.

86. Weitere Anlageformen ohne Gegenparteirisiko sind Land oder andere Sachwerte.

87. Ende 2015 kamen Gerüchte auf, wonach der australische Computerspezialist Craig Steven Wright der Erfinder der Bitcoins sein könnte. Ob dies stimmt, ist bislang offen.

88. Außer natürlich den wenigen Cleveren (oder Glückspilzen), die zum Höchstkurs Bitcoins verkauft haben.

89. Theoretisch kann es natürlich mehr Währungen als Staaten geben, beispielsweise wenn einzelne Landesteile oder Städte eigene Regionalwährungen in Umlauf bringen. De facto sind es jedoch deutlich weniger Währungen als Staaten, weil zurzeit viele Länder Währungen teilen, etwa den US-Dollar oder den Euro.

90. Wobei dies nicht zwangsläufig so sein muss. Indiens Regierung zog 2015 beispielsweise die Einführung von Goldkonten für Privatleute in Erwägung, die in Goldeinheiten geführt werden und Zinsen – zahlbar in Gold oder Geld – abwerfen.

91. Am Rande sei erwähnt, dass die höheren Zinsen auf Bankeinlagen im Gegensatz zu Gold zwar Rendite bringen, allerdings auch das Anlagerisiko etwas erhöhen. Wie die Finanzkrise nach 2008 gezeigt hat, können Banken zahlungsunfähig werden und die Ersparnisse ihrer Kunden in Gefahr bringen. Wer physisches Gold besitzt, verzichtet zwar auf Rendite – aber das Gold kann nie pleitegehen.

92. Beim Value Investing (auf Deutsch etwa »werthaltiges Investieren«) geht es – vereinfacht gesagt – darum, Aktien von Unternehmen zu kaufen, deren Buchwert unter ihrem Börsenwert liegt oder deren Bewertungskennziffern eine Unterbewertung nahelegen. Angenommen, ein Unternehmen hat eine Marktkapitalisierung von einer Milliarde Euro – die Anzahl seiner Aktien multipliziert mit dem aktuellen Börsenkurs liegt also bei einer Milliarde Euro. Der Buchwert beziffert quasi den Zerschlagungswert der Firma: die Summe aller Erlöse, die erzielt werden könnten, wenn das Unternehmen zerlegt und verkauft werden würde. Normalerweise liegt der Buchwert *unter* dem Börsenwert. Es kommt aber vor, dass der Buchwert einer Aktiengesellschaft *über* ihrer Marktkapitalisierung notiert – etwa wenn das Unternehmen vorübergehend in Schwierigkeiten geraten ist. Für Value-Investoren ist das der Startpunkt, um ein Engagement genauer unter die Lupe zu nehmen.

93. Der Autor weist der guten Form halber darauf hin, dass er Aktionär von Berkshire Hathaway ist.

94. Vgl. *Berkshire Hathaway Annual Report 2014*, S. 2.

95. »Gold [...] has two significant shortcomings, being neither of much use nor procreative. True, gold has some industrial and decorative utility, but the demand for these purposes is both limited and incapable of soaking up new production. Meanwhile, if you own one ounce of gold for an eternity, you will still own one ounce at its end.« Warren Buffett: *Berkshire Hathaway Shareholder Letter, Annual Report 2011*, S. 18. – Noch drastischer äußerte sich Buffetts langjähriger Kompagnon und Freund Charlie Munger zum Thema: »Gold is a great thing to sow in to your garments if you're a Jewish family in Vienna in 1939, but I think civilized people don't buy gold – they invest in productive businesses.« (»Gold ist eine tolle Sache zum Einnähen in Kleidung, wenn man eine jüdische Familie im Jahr 1939 in Wien ist, aber ich glaube, zivilisierte Leute kaufen kein Gold – sie investieren in produktive Unternehmen.«) CNBC, Interview mit Betty Quick, Mai 2012, www.zerohedge.com/news/charlie-munger-civilizied-people-dont-buy-gold-only-pre-holocaust-jews-sew-it-their-garments, aufgerufen am 18. September 2015. Ein meines Erachtens schockierend beleidigender Satz. Offenbar zieht Munger, Jahrgang 1924, trotz seiner beachtlichen Lebenserfahrung nicht in Betracht, dass Zivilisationen, gesellschaftliche Toleranz sowie Recht und Ordnung binnen weniger Jahre zusammenbrechen können.

96. Mit Dank an Vicco von Bülow (»Loriot«) für die Formulierungshilfe.

97. Vgl. Berkshire Hathaways Pressemeldung vom 3. Februar 1998, www.berkshirehathaway.com/news/feb03981.html, aufgerufen am 16. September 2015.

98. Vgl. Michael Braun Alexander: *Wenn Geld stirbt*, Goldmann, 2013.

99. Interview im Rahmen des Council on Foreign Relations, 29. Oktober 2014, www.youtube. com/watch?v=8ubK_iGE3F8, aufgerufen am 22. September 2015. – Etwa zu dieser Zeit erklärte Greenspan: »The Fed's balance sheet is a pile of tinder, but it hasn't been lit. Inflation will eventually have to rise.« (»Die Bilanz der Fed ist ein Haufen Feuerholz, das noch nicht angezündet worden ist. Früher oder später wird die Inflation steigen müssen.«) Vgl. Axel Merk, www. merkinvestments.com/insights/2014/2014-10-29.php, aufgerufen am 22. September 2015.

100. Interview mit Maria Bartiromo (CNBC), Council on Foreign Relations, 12. September 2012, www.businessinsider.com/ray-dalio-on-gold-2012-9?IR=T, aufgerufen am 18. September 2015.

101. Congressional Records, zitiert in *Business Insider,* 14. Februar 2012.

102. »When it's raining gold, reach for a bucket, not a thimble.« Warren Buffet: *Letter to Shareholders, Berkshire Hathaway Annual Report 2009,* S. 15.

103. Geprägt wurde dieser Ausdruck von den Wirtschaftswissenschaftlern Edward Shaw und Ronald McKinnon bereits im Jahr 1973.

104. Beispielsweise im Rahmen der sogenannten Riester- und Rürup-Renten.

105. Ein geflügeltes Wort von Bundeskanzlerin Angela Merkel.

106. »In the absence of the gold standard, there is no way to protect savings from confiscation through inflation. There is no safe store of value. If there were, the government would have to make its holding illegal, as was done in the case of gold.« Greenspan, ebd. (Rand).

107. Executive Order of the President (Nr. 6102) vom 5. April 1933.

108. Vgl. Bert Flossbach und Philipp Vorndran: *Die Schuldenlawine,* 2012, S. 174.

109. Vgl. Middelkoop, ebd.

110. Vgl. Middelkoop, ebd.

111. Sowohl in der Bundesrepublik als auch in der Deutschen Demokratischen Republik.

112. Markus M. Grabka und Christian Westermeier: *Anhaltend hohe Vermögensungleichheit in Deutschland,* Deutsches Institut für Wirtschaftsforschung (DIW), Berlin, Wochenbericht 9/2014, 26. Februar 2014.

113. Steinbeis, ebd., S. 12.

114. *Euro am Sonntag,* 31. Oktober 2015, S. 18.

115. Der Firmenname Degussa leitet sich von **D**eutsche **G**old- **u**nd **S**ilberscheideanstalt ab.

116. 2016, also im Erscheinungsjahr dieses Buchs, dürfte im Herbst eine aktualisierte Fassung der Studie erscheinen.

117. Galbraith, ebd., S. 19.

118. Vgl. Kerstin Papon: »Wirklich sicher sind selbst Tresore nicht«, *Frankfurter Allgemeine Zeitung,* 31. Januar 2015, S. 30.

119. Bei vielen Hausratversicherungen gilt die Regel, wonach die Entschädigung für Wertsachen aller Art bei 20 Prozent der vereinbarten Versicherungssumme gedeckelt wird. Bei einer vertraglich vereinbarten Versicherungssumme von 100 000 Euro wären also Wertgegenstände bis zum Gegenwert von 20 000 Euro versichert. Wichtig: Als »Wertsache« gelten neben Edelmetall viele andere Gegenstände im Haushalt wie Schmuck und Edelsteine, Bargeld, Kunstgegenstände oder Briefmarkensammlungen. Die Gefahr einer Unterdeckung kann mit einer angepassten Police oder mit Abschluss einer Spezialversicherung vermieden werden. Viele Versicherungsgesellschaften haben klar definierte Regeln, wie Wertgegenstände aufbewahrt werden müssen, um den Versicherungsschutz nicht zu verlieren, zum Beispiel hinsichtlich eines Safes.

120. Da sich der Börsenwert von Aktiengesellschaften von Sekunde zu Sekunde ändert, weicht die Marktkapitalisierung der genannten Unternehmen zum Zeitpunkt Ihrer Lektüre dieses Buchs zwangsläufig von den genannten Werten ab – es geht hier um eine grobe Übersicht. Auch die Rangfolge kann sich verschoben haben.

121. Selbst die in der Tabelle genannten Goldminenunternehmen sind in der Regel auch in politisch und/oder wirtschaftlich hochriskanten Märkten aktiv, also in Schwellenländern oder sogenannten Entwicklungsländern, beispielsweise in Afrika und Lateinamerika. Ihre Firmenzentralen liegen allerdings in transparenten, verlässlichen Jurisdiktionen.

122. Das missratene Großprojekt, an das ich denke, ist die Mine Pascua Lama im Grenzgebiet von Argentinien und Chile: Barrick Gold setzte Milliarden in den Sand, bevor das Management die Reißleine zog und das Projekt stoppte.

123. Im Herbst 2015 – nach Redaktionsschluss dieses Buchs – wurde in Argentinien eine neue Regierung gewählt.

124. So verstaatlichte die argentinische Regierung 2012 YPF, das argentinische Tochterunternehmen des spanischen Ölkonzerns Repsol YPF (heute als Repsol bekannt).

125. Vgl. unter anderen Capgemini, RBC Wealth Management: *World Wealth Report 2015.*

126. Die Frage, welche die besten Goldminenaktien sind, liegt an dieser Stelle auf der Hand. Mein persönlicher Favorit im Herbst 2015 unter den zehn in der Tabelle genannten Unternehmen ist aus einer Reihe von Gründen die Aktie des kanadischen Unternehmens Goldcorp. Es weist meines Erachtens eine solide Bilanz auf, ist zukunftsfähig, hat brauchbare Manager und viele Minen in sicheren Jurisdiktionen (Kanada/USA/Mexiko). Dies stellt keine Kaufempfehlung dar, lediglich meine persönliche Meinung zum Zeitpunkt des Manuskriptschlusses dieses Buchs. – Der guten Form halber weise ich darauf hin, dass ich zu diesem Zeitpunkt selbst Aktionär bei Goldcorp war, allerdings auch bei anderen Goldproduzenten.

127. In: Boehringer, ebd., S. 136.

128. Deutscher Derivate Verband: *Die Zertifikatebranche in Zahlen,* 1. Halbjahr 2014, S. 12.

129. Der Umstand, dass einige Zertifikate inzwischen als »besichert« vertrieben werden, ist marketingtechnisch clever, meines Erachtens aber nicht überzeugend. Ob das im Sinne des Anlegers funktioniert, kann erst geklärt werden, wenn die Probe aufs Exempel gemacht wird, also die Krise da ist.

130. Eine Einführung in die Aktienanlage liefert unter anderen das Kompendium *So geht Geld* des Autors (Goldmann Verlag, aktualisierte und erweiterte Neuausgabe 2014).

131. Die Kirchensteuersätze variieren von Bundesland zu Bundesland.

132. Die Aktenzeichen lauten VIII R 4/15 und VIII R 35/14.

133. Die Staatsverschuldung könnte bei mehr als 250 Prozent der Wirtschaftsleistung liegen, was einer Verdopplung der Schulden binnen sieben Jahren entsprechen würde. Vgl. »Taking a tumble«, *The Economist,* 29. August 2015, S.18.

134. Allein das Volumen der an Studenten ausgereichten Kredite in den USA belief sich 2014 auf annähernd 1,2 Billionen US-Dollar, was mehr als einer Verdreifachung binnen zehn Jahren entspricht. Vgl. »College debt«, *The Economist,* 15. August 2015, S. 33.

135. Vgl. www.bis.org/publ/otc_hy1504.pdf, aufgerufen am 26. September 2015.

136. Vgl. Astrid Zehbe: »Wilde Währung«, *Euro am Sonntag,* 13. Juni 2015, Seite 27.

137. Kaufkraftparitätisch gerechnet.

138. Im Herbst 2015, als die Arbeit an diesem Buch abgeschlossen wurde, entsprachen 500 000 Euro mehr als einer Tonne Silber.

Register